I0138514

EL VAGABUNDO
DE LOS
SIETE MARES
AVENTURAS DE UN TRIPULANTE

FULVIO DE COL

snow
fountain
press

EL VAGABUNDO
DE LOS
SIETE MARES
AVENTURAS DE UN TRIPULANTE

❧ ☙

FULVIO DE COL
Primera edición, 2021
© Fulvio De Col

ISBN: 978-1-951484-96-5

Snow Fountain Press
25 SE 2nd. Avenue, Suite 316
Miami, FL 33131
www.snowfountainpress.com

Dirección editorial:
Pilar Vélez
Edición y corrección de textos:
Fermina Ponce
Diseño y diagramación:
Alynor Díaz

Reservados todos los derechos. No se permite la reproducción total o parcial de esta obra, ni su incorporación a un sistema informático, ni su transmisión en cualquier forma o por cualquier medio (electrónico, mecánico, fotocopia, grabación u otros) sin autorización previa y por escrito de los titulares del copyright. La infracción de dichos derechos puede constituir un delito contra la propiedad intelectual.

Impreso en los Estados Unidos de América.

"Siempre nos encontraremos a nosotros mismos en el mar".

E.E. Cummings

"Necesito de los barcos y del mar porque me enseñan".

Pablo Neruda

Este libro está dedicado a mi familia y a mis amigos. A todos ellos, a los que están entre nosotros y también a los que ya partieron.

A los compañeros que estuvieron conmigo en incontables viajes.

A los pasajeros que viajaron y seguirán viajando en tantos barcos alrededor del mundo.

Y a todos los hombres y mujeres que trabajan y sueñan en el mar.

También deseo agradecerle muy especialmente a mi esposa Lucía Wrooman, por la inspiración y el apoyo que me brindó para poder llevar a cabo mi sueño de volcar al papel todas las historias que conforman este libro.

Y a mis dos hijos, Fulvio y Luigi, para que el día de mañana, cuando ya no esté junto a ellos, recuerden a su padre como *El Vagabundo de los Siete Mares*.

CONTENIDO

Introducción 9

Capítulo I 12

Capítulo II 21

Capítulo III 37

Capítulo IV 47

Capítulo V 81

Capítulo VI 137

Capítulo VII 153

Final 183

Introducción

E n más de una ocasión me he preguntado qué me empujaba a escribir este libro. Me llevó poco tiempo dar con la respuesta: deseaba escribir *El vagabundo de los siete mares* para dejar un testimonio de lo que viví. De *todo* lo que viví. Porque tengo muy en claro que las experiencias que atravesé son inimaginables para la mayor parte de las personas. Tanto es así que ni mis amigos me creen algunas de las cosas fantásticas que experimenté en tantos años en altamar. Pero aquí está mi memoria, aún firme como un roble, para señalarme que las voces y recuerdos que me acompañan son tan reales como el lapicero que sostengo en mi mano a la hora de escribir estas líneas.

Tuve la fortuna de recorrer al mundo de punta a punta. Pero no hablo tan solo del mundo visible, ese que brilla como las marquesinas de los teatros. Yo tuve la oportunidad —y también el privilegio— de conocer los camarinos y el detrás de escena. Porque si hay algo que la vida me enseñó a través de tantos años es que lo imprescindible no siempre sucede sobre el escenario, sino también en los pasillos, en los recovecos y en los sótanos.

Conocí reyes, estrellas de cine, presidentes, políticos y deportistas de renombre; y también conocí a sus amantes y asistentes. A través de tantos viajes conocí el lujo y la miseria, como así también el oro y el barro. Descubrí ciudades en las que jamás soñé estar, disfruté sus hoteles de lujo, sus palacios y museos, pero también sus trasfondos, bares ocultos y burdeles. Y de cada persona y de cada geografía aprendí y me enriquecí hasta volverme el hombre que hoy soy.

¿Y quién soy? Soy una persona de mar. Toda mi vida se desarrolló al amparo del mar. Nací en la Venecia de los canales y el Adriático, viví en España a la orilla del Mediterráneo, en la Miami Beach del Atlántico, y en Acapulco junto al Pacífico…

Yo me nutro del agua salada, necesito sentirla en mi piel y en mis labios, oír el rugir de las olas, ver amanecer de cara a un horizonte de agua celeste. Porque ese soy yo: un vagabundo. Un vagabundo de los siete mares.

Y tengo muy claro que, así como crecí y me hice hombre junto al mar, yo me quiero morir acunado por su oleaje. Porque del mar provenimos y al mar debemos regresar.

Adoro a Lucía con toda mi alma, pero ella no es mi esposa. Mi esposa, mi mujer, y mi pasión es el mar. Y este libro, a fin de cuentas, no es otra cosa más que el homenaje que le brindo al gran amor de mi vida.

CAPÍTULO I

Los comienzos

~ ~

No tuve la suerte de nacer en un barco en medio del océano, sin embargo, el destino fue generoso conmigo y me regaló la dicha de nacer en Venecia, una de las ciudades con mayor tradición marítima y portuaria de la faz de la tierra.

Venecia es una ciudad tan encantadora para el turista como dura para sus habitantes. No es un lugar adecuado para vivir: los traslados son complicados, la humedad cala en los huesos, los servicios son insuficientes, las rentas son caras… En Venecia solo viven las familias que tienen la oportunidad de pasarse las casas de generación en generación, y artistas de dinero que compraron departamentos o áticos.

Por lo tanto, cuando yo era apenas un niño, mi padre decidió que nos fuéramos a vivir a Mestre. ¿Qué es Mestre? Una ciudad creada por los propios venecianos que debieron huir de Venecia por razones económicas. Pese a mudarnos a Mestre, donde la vida era más barata y práctica, mi papá siguió trabajando en Venecia. Cada mañana tomaba el autobús y en veinte minutos llegaba al Hotel Luna, donde trabajaba de intérprete gracias a que sabía cinco idiomas. Una de sus actividades era ir a la estación de trenes a recibir a los futuros huéspedes: turistas alemanes, ingleses, escandinavos, españoles, etc., a los que después llevaba al hotel.

Un día se hospedó en el hotel un noruego de apellido Kloster. ¿Sabría mi padre que la llegada de ese hombre cambiaría su vida? No, de seguro no lo sabía. Es así como el destino adora jugar con nosotros. La cuestión es que el nuevo huésped se acercó al director del hotel, y le dijo en idioma inglés:

—Tengo un mes libre y vengo a pasar mis vacaciones en Italia. Deseo recorrer el país de punta a punta y quiero saber si ustedes pueden recomendarme a una persona que pueda acompañarme y hacer las veces de intérprete durante todo el mes.

El director le comentó que la persona adecuada sería mi padre, pero que era empleado del hotel y que tenía mucho trabajo.

—Ese no es problema —dijo el noruego—. Le pagaré al hotel dos veces el dinero que este hombre cobra por mes. Y también le pagaré a ese hombre el dinero que él considere justo. Y un poco más también.

Por lo visto la oferta fue imposible de rechazar, porque mi padre terminó recorriendo Italia durante un mes haciendo las veces de intérprete de este hombre. Debió haber hecho un buen trabajo, porque cuando el viaje terminó el señor Kloster le entregó una tarjeta y le dijo:

—Soy dueño de una compañía naviera y estoy al frente de dieciocho buques petroleros. Y este año como regalo de cumpleaños a mi esposa le estoy construyendo un barco de pasajeros.

Puedo imaginar el rostro sorprendido de mi padre, un humilde intérprete de hotel, al escuchar esas palabras. El noruego agregó:

—Se trata de un barco pequeño que hará el trayecto de

Inglaterra a España. La cuestión es que se lo voy a regalar muy pronto, y me gustaría que usted fuera parte de la tripulación.

—Le agradezco mucho —respondió mi padre intentando disimular su sorpresa—. La suya es una propuesta verdaderamente tentadora. Pero no puedo aceptarla.

—¿Por qué?

—Llevo veinte años en este hotel, no quiero perder ni mi trabajo ni mi pensión.

El señor Kloster le dijo que eso no era problema. Qué él mismo se encargaría de hablar con el director del hotel, y que su equipo de contadores resolvería todo lo inherente a su pensión.

—Y en relación a su sueldo… —dijo con aire de misterio el noruego—. Permítame preguntarle cuánto gana usted por mes, señor de Col.

Una vez que mi padre le dio la cifra, el señor Kloster entrecerró apenas los ojos, y después dijo:

—Yo le pagaré el triple.

—¿El triple?

—Escuchó bien. El triple. Ese barco es importante para mí. Y preciso que en él trabajen empleados laboriosos y responsables. Y este mes comprendí que usted es el tipo de persona que yo quiero en mi compañía. Véngase a trabajar conmigo, le aseguro que no se arrepentirá.

Mi padre aceptó y firmó un contrato por cinco años. El destino de mi padre —así como el mío y el de toda nuestra familia— acababa de cambiar para siempre.

Una tarde mi padre nos juntó en la sala y, tras contarnos las noticias, nos dijo que debíamos mudarnos de Mestre.

—¿Mudarnos? —preguntó mi madre con preocupación mientras me sujetaba de los hombros.

—Sí. Es imposible que yo pueda llevar a cabo este trabajo viviendo en Mestre.

—¿Y dónde nos mudaremos?

—A Estepona —dijo mi padre ante la sorpresa de todos nosotros, que jamás en nuestras vidas habíamos escuchado nombrar esa ciudad—. Un pueblo de España cercano a Gibraltar.

Y así fue que llegó el primer gran cambio de mi vida, ese que viraría mi destino hasta el día de hoy. Yo tenía trece años, y mi amor con el mar comenzaba a volverse estrecho.

El regalo de cumpleaños de la esposa del señor Kloster era un pequeño barco de pasajeros semejante a un ferry. En un comienzo hacía viajes de Southampton —en el sur de Inglaterra— a Vigo o La Coruña, y más tarde extendió su trayecto a Lisboa y Gibraltar. Los turistas ingleses subían al barco en Southampton conduciendo sus carros, que quedaban en la bodega del barco durante el viaje en altamar. Y al llegar a Gibraltar bajaban del barco también conduciendo sus propios carros con los que se dedicaban a conocer España durante siete días. Tras esa semana, volvían a subir al barco para regresar a Inglaterra. En los días libres, entre viaje y viaje, mi padre recorría el breve trayecto entre Gibraltar y Estepona para reencontrarse con nosotros.

Más allá de que mi madre extrañaba las ausencias de mi padre, debo decir que disfrutó de un tiempo apacible en Estepona. Se trataba de un pueblo tan diminuto al que se llegaba caminando a todas partes. Aunque lo más correcto sería decir que Estepona ni siquiera llegaba a ser un pueblo: era una pequeña aglomeración de casas de pescadores. Nosotros vivíamos en una agradable y plácida casita a la orilla de la playa. Es bueno recordar que estamos hablando del año 1962, aquella era una España muy diferente a la que hoy conocemos. Era una España más silenciosa, más encerrada en sí misma. Eran tiempos de franquismo, y el turismo europeo aún no había llegado en masa a la Península Ibérica, al punto que nosotros éramos los únicos extranjeros de Estepona y sus alrededores.

Durante los primeros tiempos todo fluyó del mejor modo, pero tras un año y medio surgió un problema geopolítico que tuvo consecuencias graves: cerró la frontera entre Gibraltar y España, lo que hizo que el recorrido del barco perdiera sentido, pues era muy poca la gente que tenía el permiso requerido para pasar de Gibraltar a España.

—¿Y ahora qué haremos? —preguntó mi madre, inquieta por el futuro de la familia.

Por fortuna no hubo necesidad de grandes preocupaciones, aunque mis padres debieron hacer algunos cambios de importancia.

El señor Kloster, rápido de reflejos, cambió de ruta y mandó el barco a Miami para realizar cruceros de tres o cuatro días por Nassau y Freeport. Esto volvía inviable nuestra vida en Estepona, por lo que mi padre le planteó el problema a Kloster, que dijo:

—No debe preocuparse por nada, señor de Col. Aún le quedan tres años de contrato conmigo, así que le propongo lo siguiente: véngase con su familia a vivir a Miami.

—¿Cómo podría yo hacer eso? —balbuceó mi padre—. Ni siquiera cuento con los per…

—¿Permisos? —lo interrumpió Kloster—. De eso me encargo yo. Conseguiré de inmediato permisos de residencia para usted y para toda su familia. Y también una casa en la que puedan vivir con comodidad.

Así fue. En poco tiempo el señor Kloster mandó a construir en Alemania un barco más grande, y cuando estuvo listo nos envió hacia allá para que partiéramos rumbo a Miami. Recuerdo aquel viaje con extrañeza: éramos los únicos pasajeros de un barco grande y reluciente, que surcaba por primera vez el mar con destino a Norteamérica.

Al poco tiempo ya estábamos instalados en La Florida, y mi padre había retomado sin problemas su trabajo en altamar. Sin embargo, mi madre jamás logró habituarse al ritmo de Miami, que poco tenía de la apacibilidad de la vida en Estepona. Por esos años Miami comenzaba a llenarse de cubanos que no siempre eran bien recibidos por los norteamericanos, y eso creaba un ambiente turbulento y cargado de tensión. A mi madre todo aquel clima no le agradaba, y todo se complicó la vez que alguien echó veneno en el jardín de casa, lo que provocó la muerte de nuestros perritos.

—Así no quiero ni puedo seguir —le señaló mi madre a mi padre.

Por lo tanto, después de tres años de vida en los Estados Unidos, regresamos a Estepona, donde compramos un apartamento. Mi padre seguiría con su vida de barco en barco, pero la familia tendría su base de operaciones en España.

Yo era un adolescente que aún no había alcanzado la mayoría de edad cuando mi padre me ofreció trabajo en uno de sus barcos.

Al comienzo dudé. Es cierto que me fascinaba la vida de mi padre, sus viajes interminables, las historias que nos contaba de tantos puertos, toda el aura que rodeaba a aquellos gigantescos barcos. Pero, de un modo tal vez inexplicable debido a mi corta edad, dije que sí.

—¿Estás seguro? —me preguntó mi padre—. Mira que esto no es un juego.

Yo tan solo lo miré del modo más firme que un chico de dieciséis años puede mirar a su padre, y dije:

—Estoy seguro.

Aquella firme aceptación cambió mi vida para siempre.

Imagino que mi decisión no alegró a mi madre. Ella bastante padecía las ausencias de mi padre como para aceptar que su hijo adoptara la misma vida.

Esa siempre fue la principal razón por la cual, cada vez que yo finalizaba un contrato, regresaba a casa a pasar tiempo con ella. Siempre me preocupé por firmar contratos que no superaran los sietes meses, así después podía disfrutar los veranos junto a mi madre en Estepona.

Y hubo una promesa que todos debimos hacerle a mi madre: a Lucio, el hijo menor de la familia, no lo incentivaríamos a trabajar a bordo de ningún barco.

—Que me lo prometan —nos exigió mi madre.

—Te lo prometemos.

Y nosotros, que comprendimos a la perfección la razón de aquel pedido, cumplimos a rajatabla con nuestra palabra.

El pequeño Lucio se quedaría en tierra a estudiar y a acompañarla.

Las cartas de cada integrante de nuestra familia ya estaban echadas.

CAPÍTULO II

STARWARD

El Starward, que pertenecía a la compañía Norwegian Caribbean Line, fue el primer barco en el que trabajé. Yo tenía apenas dieciséis años, y entré allí por recomendación de mi padre. Él era jefe del comedor de los tripulantes y, como tenía conocidos en el barco, me consiguió un puesto como ayudante de cocina.

Aún hoy, mientras escribo estas palabras, puedo sentir en la piel la emoción de aquel jovencito que entró por primera vez a ese barco. La magnitud de su porte, sus interminables y laberínticos pasillos, la inmensa tripulación, el lujo de sus salones, la magnitud de la sala de máquinas... Todo el Starward desprendía grandeza, a mis ojos era un auténtico coloso de los mares.

Todos los barcos publican un pequeño diario de noticias que circula entre la tripulación, y en el número siguiente a mi llegada, el diario del Starward me dedicó un pequeño recuadro.

¡Fulvio de Col, poco más que un quinceañero, aparecía en el diario del Starward!

Y no solo eso, también mis compañeros me organizaron una pequeña fiesta por ser yo el tripulante más joven del barco. La felicidad y el orgullo no me cabían en el cuerpo. Yo era tan solo un niño, y de pronto comenzaba a abrirse ante mis ojos un mundo diferente a todo lo que hasta allí había conocido.

El Starward hacía cruceros por el Caribe. Zarpaba de Miami y tocaba tres puertos en Jamaica: Port Antonio, Kingston y Montigo Bay. En los tres viví experiencias de las que jamás logré desprenderme. Tanto es así que todavía hoy puedo percibir en mis oídos las voces de mis compañeros de ese tiempo, siento bajo mis pies los movimientos de aquel barco, y noto como aún estalla mi corazón de felicidad por saberme parte del comienzo de una aventura que se prolongaría por décadas y cambiaría mi vida para siempre.

Port Antonio

El Starward zarpaba de Miami el sábado por la noche. Pasaba el domingo en el mar —siempre viajando con lentitud para que el barco tuviera una navegación apacible—, y el lunes llegaba a Port Antonio. Ahí llegaban los Visitor's Guides: los encargados de trasladar a los pasajeros a los diversos tours. Siempre me llamaron la atención sus simpáticos atuendos de bermudas y camisa color caqui y gorros de safari. Mi padre, encargado de la cocina, solía recibirlos con una rica comida, así que ellos, en agradecimiento, le dijeron:

—Si a usted le parece bien, señor de Col, nos podemos llevar a su hijo al tour con el resto de los turistas.

—¿Quieres ir, Fulvio? —me preguntó mi padre.

—Por supuesto que sí, papá.

El líder de los Visitor's Guide me palmeó la espalda, y dijo:

—Te llevaremos a un lugar precioso llamado Blue Lagoon.

Y no mentían. Blue Lagoon era un paraíso. A su pequeña y encantadora bahía la bañaba un mar celeste claro que permitía ver los peces que me acariciaban los tobillos. Yo me bañaba, jugaba y me divertía, disfrutaba gratuitamente un lujo por el que los pasajeros del barco accedían tras pagar muy buen dinero.

Por la noche tanto los pasajeros como la tripulación bajábamos del Starward. Nos recibía el pequeño muelle de madera de Port Antonio que desembocaba en una ciudad también pequeña. Y mientras los pasajeros disfrutaban de los restaurantes, nosotros nos íbamos a los prostíbulos a tomar algunas copas. Recuerdo en particular el ron jamaiquino, una delicia color oscuro que te encendía como el fuego. Nunca me generó ningún tipo de cuestionamiento asistir a aquellos lugares. A fin de cuentas, ¿dónde va un grupo de muchachos sin responsabilidades y lejos de su casa? No van al museo, se van de juerga. Y en esos antros sabían que acababa de atracar un nuevo barco y nos esperaban con los brazos abiertos. Éramos la combinación perfecta: por un lado, jóvenes deseosos de vivir nuevas aventuras, y por el otro lado aquellos sitios capaces de ofrecernos todas las tentaciones que anhelábamos. Nosotros éramos la sed y ellos un río de agua fresca: el choque era inevitable, y se repetiría a través de los años en infinidad de puertos del globo.

Y a mí, con la inocencia de mis dieciséis años, todo ese mundo me fascinaba, pues nada de eso existía en mi Europa natal. Los países tropicales, con su clima, playas y música, tienen una magia especial rondando en el aire. Y en lugares así nada era más sencillo que invitar a una muchacha a tomar una copa y que te diga que sí. En mi Venecia natal yo era un jovencito más entre tantos, sin embargo, allí yo era un veneciano joven y guapo, tripulante de un barco inmenso, y —producto de las propinas que recibía en el barco— también con algún bienvenido dinero en el bolsillo. También había algo más: a través de mis años jamás traté a aquellas mujeres como a un objeto o con desdén. Es más, desde muy jovencito aprendí a ser siempre amable y considerado con ellas. A muchas incluso las invitaba a cenar, conversábamos, bailábamos. Yo jamás fui a universidad alguna. Mi universidad fue la vida, los viajes, los barcos, y todas las personas que conocí en cada puerto. Y, a su modo, esas mujeres a mí me enseñaron y acompañaron, así como seguramente yo también les enseñé y acompañé.

Me alegra saber que puedo decir que aproveché mi juventud de principio a fin, y que todas esas experiencias han quedado grabadas en mí para siempre. Y me han convertido en el hombre que hoy soy.

Kingston

Kingston Town posee uno de los puertos más impresionantes que vi en toda mi vida. ¿Cuál es la razón de la mística que lo rodea? Tal vez se deba a su historia incomparable. Se puede decir que Kingston es la sucesora de Port Royal, la antigua ciudad donde se escondían los bucaneros y piratas británicos que atacaban a los barcos españoles y franceses que regresaban a Europa repletos del oro y plata de América. Los barcos atacados jamás se acercaban a Port Royal pues era un puerto —más bien una fortaleza— defendida por una batería de muros y cañones. Por ese tiempo los piratas eran tantos que se terminaron convirtiendo en los principales habitantes de la ciudad. Y era tan descarriada y licenciosa la vida en Port Royal que en el siglo XVII se la llamó "La Sodoma del Nuevo Mundo", pues la mayor parte de su población estaba entregada al vino, el saqueo y la prostitución. Todo esto menguó con el gran terremoto de 1692, que sumergió en el mar a buena parte de la ciudad, y lo poco que sobrevivió fue destruido con el gran incendio de 1704. Fue a partir de aquellas dos tragedias que comenzó a brillar el muy cercano puerto de Kingston, que pasó a recibir al tráfico marítimo que solía atracar en Port Royal.

Sin embargo, Port Royal jamás murió del todo. Mucha de su mística y de su magia se trasladaron a Kingston, ese puerto mitológico que mis ojos adolescentes veían por vez primera.

Una vez que atracábamos en Kingston, al Starward le colocaban dos escaleritas: una para los pasajeros y otra para la tripulación. Y junto a cada una de ellas un guardia del barco controlaba quién salía y sobre todo quién subía, para verificar que todos estuviesen debidamente autorizados a hacerlo. Los controles debían ser rigurosos no solo por una cuestión lógica y formal, sino también porque el muelle de Kingston —sobre todo de noche—tenía sus claroscuros. Los taxis esperaban a los turistas fuera del muelle, y atravesar ese recorrido era peligroso. De cualquier esquina podía salir algún hombre armado con navajas dispuesto a asaltarte. Una vez bajé del barco junto a mi padre y un par de compañeros, y de un segundo al otro nos rodeó un grupo de jamaiquinos. Nos robaron de pies a cabeza. Y de nada servía hacer ningún tipo de denuncia o demanda, ya que la policía sabía bien que, en cuestión de horas, las víctimas regresaban a su barco y se marchaban del país. Por lo tanto, no había nada más sencillo que robarle al pasajero de un barco.

Cada vez que el Starward arribaba a un puerto los tripulantes teníamos un tiempo libre. En ese tiempo podíamos permanecer descansando en el barco, ir a la playa o recorrer la ciudad. Lo que yo solía hacer cada vez que llegábamos a

Kingston era ira algún cabaret. Y esa costumbre me hizo vivir, en uno de mis primeros viajes, una situación que jamás olvidaré.

Una noche en la que el barco zarpaba a las dos de la mañana desde Kingston se me fue el tiempo en el antro en el que estaba, mis compañeros se fueron, y yo quedé ahí. En algún momento le pregunté a la bailarina que me acompañaba que me dijera qué hora era. Ella revisó su reloj y me dijo:

—Las dos.

Al oír eso casi pierdo el equilibrio.

—¿Cómo que las dos? ¿Estás segura?

—Sí, son las dos de la mañana.

No había ninguna posibilidad de que yo lograra regresar a tiempo. Es más, a esa misma hora el Starward estaría zarpando rumbo a Montigo Bay. Corrí en busca de mis compañeros, pero todos habían efectivamente marchado.

Por Dios, qué desesperación. Era un chico de dieciséis años solo en un cabaret de una ciudad desconocida del Caribe, y mi barco había partido sin mí. Imaginé a mi padre insultándome en todos los idiomas posibles.

—No te desesperes —me dijo la bailarina, que se llamaba Rose y me tenía completamente fascinado—. Tal vez pueda ayudarte.

—¿Cómo? —le pregunté al borde del llanto.

Rose me explicó que quedarme dando vueltas por la ciudad podía ser peligroso.

—Lo mejor será que te vengas a casa conmigo. Duermes ahí, y por la mañana encuentras el modo de regresar.

Yo, confundido, no sabía qué responderle. Ella insistió:

—Anda, anímate. Eres muy blanco y muy joven para los

morenos de aquí. Puedes tener problemas, sé bien lo que te digo.

Dije que sí, tomamos un taxi precario y subimos un cerro rumbo a su casa. Llegamos a las cuatro de la mañana. La casa de Rose era tan humilde que sus ventanas no tenían vidrios sino barrotes. A pesar del horario el calor era infernal, obviamente no había aire acondicionado y era imposible librarse de los mosquitos que zumbaban por todas partes.

Rose me invitó entrar a su cuarto y así lo hice. Palpó la cama invitándome a acostarme junto a ella, pero yo permanecí sentado al borde del colchón. Tenía miedo, toda aquella situación me aterraba. No podía dejar de pensar en mi padre furioso conmigo. ¿Cómo lograría regresar al Starward? ¿Perdería mi trabajo?

En ese instante oí gritos de afuera:

—¡Saca al hombre blanco! ¡Lo vamos a matar!

Rose saltó de la cama, me pidió que me quedara quieto donde estaba y se asomó a la ventana. Al instante regresó al cuarto visiblemente preocupada:

—Te han visto entrar.

—¿Y cuál es el problema? —dije tartamudeando.

—Eres blanco. No les gusta que estés aquí conmigo.

Los gritos me indicaban que la multitud que se apoltronaba ante la casa de Rose crecía a cada instante, al igual que su furia. Me los imaginé tirando la puerta abajo y entrando a la casa a golpearme. Rose, consciente de mi espanto, me dijo:

—No temas, voy a hablar a la policía.

Y así lo hizo. Para mi fortuna la policía llegó pronto, justo cuando comenzaba a amanecer. Me acompañaron y me sacaron de ahí y me llevaron al puerto.

En cada puerto donde llegaba nuestro barco hay una

oficina de Norwegian Caribbean en la que trabaja un agente de la empresa. Ese agente realiza un trabajo fundamental: si, por dar un ejemplo, el barco se quedó sin piña, el agente se encarga de conseguir cien kilos de piña para cuando el barco atraque en el puerto. Buena sorpresa se llevó el agente cuando vio que un carro de la policía estacionaba ante su oficina con un jovencito empleado de la empresa que había perdido el barco.

—Debes alcanzar al Starward antes de que zarpe del próximo puerto, Montigo Bay —me dijo el oficial—. El único modo de que puedas alcanzarlo es con un avión.

Y de inmediato se encargó de comprarme un pasaje en un avión de Air Jamaica que partía en cuestión de minutos, y me llevó en un taxi urgente al aeropuerto.

Durante ese viaje tuve casi tanto miedo como en casa de Rose: aquello más que un avión parecía un auto destrozado con alas en sus costados. ¡El piso tenía agujeros! Las suelas de mis zapatos gozaban de una vista privilegiada del Caribe. Al día de hoy no comprendo cómo fue que ese cacharro logró despegar de Kingston, sobrevolar durante media hora parte de Jamaica, y aterrizar en Montigo Bay.

Apenas aterricé me esperaba otro taxi que me llevó de inmediato al puerto. Sentí que mi corazón volvía a latir con cierta normalidad cuando vi la silueta del Starward destacándose en el muelle. Pero aún debía superar un gran escollo: mi padre, que de seguro estaría muy molesto conmigo.

A poco de subir al barco me topé con él.

—¿Cómo has podido hacer algo así?

No supe que decirle. Avergonzado, bajé la cabeza en dirección al suelo.

—Escucha bien lo que tengo para decirte —me dijo

clavándome su dedo índice extendido en la frente—: Deberían echarte hoy mismo, ¡ahora mismo deberían echarte! Es lo que te mereces y lo que te has ganado. Pero te daré una última oportunidad. Intercederé por ti ante el capitán. Y tú prométeme que jamás volverás a cometer semejante idiotez.

—Perdóname, papá —murmuré—. Te prometo que jamás volveré a hacer algo semejante.

Hoy, con la perspectiva que me brindan los años, puedo entender muy bien el enojo y la decepción de mi padre. Aquella resultó de veras una experiencia dura, y también una buena lección.

Y hay veces, entre el remolino de los recuerdos, en que también me viene a la mente aquella mujer, Rose, que apenas se enteró que había perdido el barco tuvo la generosidad de llevarme a su casa. Y que al comenzar los problemas de inmediato llamó a la policía para que me rescaten.

¿Qué habrá sido de Rose?

Desearía que este capítulo sea también mi pequeño homenaje a ella, a su valor, a su calidez con ese muchachito espantado al que rescató de su noche más oscura.

Montigo Bay

Una noche, en Montigo Bay, me sucedió algo espantoso. Al terminar mi turno, decidí ir a una discoteca llamada Rapsody. Algunos de mis compañeros ya estaban allí así que me apuré para alcanzarlos. Me subí rápido al primer taxi que encontré estacionado junto al muelle, pero… resultó que no era un taxi. El "chofer" tomó un camino que sospeché no era el correcto, y algo en sus modos bruscos me indicó que me había metido en un problema serio. Por desgracia no me equivoqué. Me llevó a un campo abandonado, y...

—¡Bájate ya mismo del carro! —me ordenó.

Y por supuesto que no me quedó más remedio que hacerle caso.

Aquel asalto fue una experiencia espantosa, pocas veces me sentí tan desamparado. Debí regresar al puerto caminando medio desnudo. Al llegar al barco el oficial no me reconoció y casi no me deja entrar. Lo miré sorprendido y le dije:

—¡Soy yo! ¿No te das cuenta?

El oficial me estudió con el ceño fruncido mientras me enfocaba con una linterna.

—¿Y quién eres tú?

—¿Pero es que no te das cuenta? ¡Soy Fulvio de Col, tripulante del Starward! ¡Me acaban de robar hasta la camisa y los zapatos!

Recién en ese instante el hombre me reconoció y me dejó entrar.

Hechos de ese tipo eran muy frecuentes en Jamaica. El país comenzaba a abrirse al turismo, pero aún había mucho por mejorar en relación al desarrollo, transporte, educación y seguridad. Y, más allá de que por supuesto que la gran mayoría de los jamaiquinos son muy buena gente, también debo reconocer que poseen un carácter algo agresivo. ¡Cómo se peleaban con los haitianos arriba del barco! Y no a golpe de puño. ¡Se peleaban con navajas! Eran peleas que muchas veces terminaban de veras mal. El problema surgía porque jamaiquinos y haitianos se detestaban por cuestiones geográficas e históricas. Los jamaiquinos se consideraban más desarrollados, y se lo hacían notar a sus vecinos cada vez que podían, y eso generaba los conflictos que antes mencioné.

El contraste entre ambos países era llamativo. Jamaica —a pesar de sus muchos problemas— se esforzaba por tener una economía medianamente ordenada y próspera, mientras el presidente de Haití, François Duvalier —más conocido como Papa Doc—, era un dictador que tenía al país entero sumido en la mayor de las pobrezas. Las diferencias eran notables con solo echarle un vistazo a sus capitales: Kingston era una ciudad en vías de desarrollo y Puerto Príncipe era un conjunto de casas precarias sin siquiera muelle o agua potable.

La cuestión es que todo hacía que, por momentos, la convivencia entre los jamaiquinos y haitianos de la tripulación fuera intolerable. Y las peleas entre ellos eran tan violentas que, en más de una ocasión, debían ser resueltas por los empleados de seguridad del Starward. Porque en todo barco hay oficiales que también hacen un trabajo que bien podría llamarse de Policía Interna del barco. Y todo barco también posee un cuarto que hace las veces de calabozo y que cuenta con sus paredes acolchadas para que el preso no se pueda hacer daño. Muchos jamaiquinos y haitianos terminaron encerrados ahí dentro tras sus habituales peleas. Y una vez que el barco llegaba a tierra firme, el encarcelado era entregado a las autoridades competentes.

Pero no todo fueron malos momentos en Montigo Bay. Por supuesto que también sucedieron cosas buenas y divertidas. Cuando teníamos un tiempo libre, solíamos subir a unos taxis que nos llevaban a Lime Tree Beach Resort, un precioso sitio con playa, bares y divertimentos de todo tipo. Uno de mis favoritos era subirme junto a cuatro o cinco de mis compañeros a un bote inflable con forma de banana que era arrastrado a alta velocidad por una lancha. ¡Cómo nos divertíamos! Y lo mejor era que subíamos a esa banana flotante tras tomarnos unas buenas cervezas, así que la locura y la diversión eran dobles.

Por momentos se me hacía difícil pensar que lo que me proporcionaba tanta diversión era un trabajo. Porque era cierto que había momentos de rutina y esfuerzo, pero se me ocurren pocos trabajos que le proporcionen a sus empleados tantos momentos de esparcimiento. De todos modos, lo bueno de aquello no eran solo las risas. Había más, mucho más. Uno tenía la posibilidad de conocer a infinidad de personas —tripulantes, pasajeros, gente de cada puerto al que llegábamos—, y cada uno de ellos con su propia nacionalidad, idioma y costumbres… Y todo eso era un aprendizaje enorme, un aprendizaje que aún hoy me sigue dando réditos. Es mucho lo que se aprende cuando tu universidad es el mundo. Sí, el mundo en toda su amplitud, con todas sus razas, idiosincrasias e infinitos colores.

Dinero extra

Una de las primeras cosas que aprendí en mi vida como tripulante es que en un barco siempre hay modos de ganar dinero extra. Algunos muy obvios, otros un tanto insólitos. Y por supuesto que mi padre, con toda su experiencia, estaba muy al tanto de estas cuestiones, y tuvo la buena voluntad de ocuparse de enseñármelas.

—Como empleado de cocina ganarás poco, hijo —me dijo una noche, una vez que nos habíamos liberado de nuestras obligaciones—. Así que te conseguiré un trabajito para que saques unos dólares extras al mes.

Y yo, que, pese a ser joven e inocente también estaba deseoso por ganar mi propio dinero y aprender todo lo que sucedía en un barco, me limité a decir:

—Te escucho, papá.

Él me llevó a un piso inferior del barco, recorrimos un largo pasillo, y entramos a un cuarto repleto de ropa desordenada.

—Préstame atención, hijo. Este es el depósito donde se guardan todos los uniformes sucios de los tripulantes. Tu trabajo extra será guardar toda esta indumentaria en estos sacos.

—¿Para qué?

—Para que una vez que el barco llegue al puerto de Miami, los sacos sean llevados a la lavandería.

Recuerdo haber soltado una mueca de desencanto. ¿Dónde estaban los dólares extras que yo ganaría?

Mi padre notó mi fastidio, y me dijo:

—Este trabajo tiene un secreto que te resultará interesante.

Hice una pausa, cruzamos miradas cómplices, y él siguió diciendo:

—Los tripulantes suelen olvidar dinero en sus uniformes, los meseros muy a menudo dejan billetes en los bolsillos de sus chaquetas, sobre todo el último día del viaje, que es cuando reciben sus propinas. Lo que tú deberás hacer es revisar muy bien cada prenda antes de meterla en los sacos. Ya verás que te encontrarás con más de una sorpresa.

Al principio dudé. Aquello debía ser una trampa para que yo acepte hacer ese trabajo aburrido. Sin embargo, pronto comprobé que mi padre no me había mentido. Le hice caso de principio a fin; revisaba el bolsillo de cada chaqueta, y... ¡mi padre estaba en lo cierto! Encontraba infinidad de monedas, billetes de diez, de veinte, de cincuenta dólares... Llegué a ganar nada menos que unos ciento cincuenta dólares extras por semana. Un dineral. Y aún más si hablamos de dinero de hace cincuenta años. ¡Y no olvidemos que yo era apenas un chico de dieciséis años!

Con el correr de los años, los cruceros y los barcos me enseñarían nuevos modos de ganar más de un bienvenido dinero extra. Sin embargo, jamás olvidaré ese primer consejo que recibí de mi padre, cuando yo aún era un muchachito al que se le encendían las pupilas cada vez que tenía en sus manos un billete de veinte dólares.

Bien puedo afirmar que el Starward ha dejado una marca en mi vida. Ese barco significó una experiencia tremendamente enriquecedora desde lo humano y lo cultural para ese jovencito inexperto que comenzaba, con pasos veloces, a abrirse a todo lo que el mundo tenía para ofrecerle. Y de más está decir que lo que viví en ese barco era solo el comienzo. Yo todavía no tenía la menor idea de todos los desafíos y sorpresas que el destino me tenía reservado.

CAPÍTULO III

Dana Corona

El Dana Corona fue mi siguiente barco. Pero… para ser precisos el Dana Corona no era un barco sino un ferry boat de origen danés. ¿Qué es un ferry boat? Es un ferry que cuenta con dos grandes puertas, una en la proa y otra en la popa, que se levantan y permiten el ingreso y egreso de los carros. Un ferry boat les otorga gran libertad a los pasajeros, pues al llegar a destino ellos pueden no descender a pie sino en sus propios carros, y así recorrer los destinos con mayor independencia. Y de más está decir que nada de esto se puede hacer en un barco. Y en la bóveda del ferry no se trasladaban solo los coches de los pasajeros, también se transportaba maquinaria y productos.

El Dana Corona realizaba dos cruceros se una semana, uno rumbo a oriente y el otro occidente, y ambos partían de Génova. El primero iba a Nápoles - Messina (Sicilia) - Pireo (Grecia) – y posterior regreso a Génova. El otro crucero iba a Barcelona – Málaga – Tánger (Marruecos) – y vuelta a Génova. Fueron viajes que recuerdo con gran cariño. Son muchas, demasiadas las historias que tengo para contar de lo que me sucedió en esos trayectos.

Historias del Dana Corona

Uno de mis momentos favoritos de mis viajes en el Dana Corona era cuando navegábamos cerca de uno de los cuatro volcanes activos de Italia: el Estrómboli. El Stromboli —así se llama en italiano— se destaca en la isla del mismo nombre, que está ubicada en el mar Tirreno. Era toda una experiencia pasar a su lado en plena noche. En la oscuridad muchas veces brillaba su cima roja, era nada menos que el volcán derramando lava. Aquella era una imagen estremecedora. Poder contemplarla era tener el privilegio de ver un ápice de las entrañas infernales de la tierra asomándose del cráter de una montaña.

Al llegar a Nápoles los turistas bajaban a recorrer aquella ciudad tan caótica como encantadora con incontables tesoros para disfrutar: el Castel Nuovo, el Castel Sant'Elmo, el Palacio Real, sus muesos, las incontables iglesias y catedrales (que nada tienen que envidiarle a las de Roma), y sus plazas, calles y callejuelas. Pero Nápoles no se agota en sí misma, también es un excelente punto de partida para visitar destinos inolvidables: Positano, Capri, Pompeya, El Vesuvio, la costa Amalfitana…

Tras dejar Nápoles atrás el paso siguiente del Dana Corona era Messina, ciudad portuaria ubicada al noreste de Sicilia. Mesina es una bella y antigua ciudad (fue fundada en el VIII a. C.) bendecida con un clima fabuloso. Los turistas bajaban del ferry no solo a descubrir sus secretos sino también a recorrer las playas de Taormina, ciudad cercana a otro volcán activo de Italia: el Etna.

De ahí recorríamos el Mediterráneo con destino a El Pireo, ciudad dueña de uno de los puertos más activos de Grecia.

De Italia a Grecia el Dana Corona no transportaba tan solo a sus pasajeros con sus carros sino también maquinaria agrícola fabricada por Fiat. Al llegar a El Pireo se bajaban esos tractores, pero los tripulantes también bajábamos cargamento extra. ¿A qué me refiero? A cajas repletas con botellas de Martini, Strega, Sambuca... Y lo más llamativo es que no las bajábamos para vendérselas a algún amigo sino a la policía portuaria. A veces hasta nos compraban cien cajas de Sambuca... ¡y las pagaban el doble de su valor en Italia! No es necesario aclarar que hacíamos muy buen dinero, hasta que... un día tuvimos un problema serio. Muy serio.

Era el último crucero de la temporada, no volveríamos a Grecia por los próximos meses y, una vez que bajamos las cajas, el que aparentaba ser el jefe de los policías nos dijo:

—Pueden irse.

No comprendimos a qué se refería, así que uno de mis compañeros dijo:

—Antes deben pagarnos.

—No les vamos a pagar nada. ¡Váyanse!

No podíamos creer lo que escuchábamos. Habíamos hecho muchas veces esa transacción y jamás habíamos tenido problemas. Por lo visto ellos, al saber que no regresaríamos hasta el año siguiente, decidieron estafarnos.

—Si no nos van a pagar nos llevamos las cajas —dije avanzando decidido hacia ellas.

Pero no pude dar más que dos pasos. Los policías levantaron sus metralletas en dirección a nosotros.

—No les vamos a pagar nada. ¡Suban al barco y váyanse!

No nos quedó más remedio que irnos furiosos. Aún hoy, tantos años después, no puedo creer la situación que debimos atravesar.

La venta de botellas de licor no era nuestro único negocio. Antes de partir rumbo a Marruecos y España yo iba a una tienda en Génova que se especializaba en confeccionar figuras de cristal hechas con vidrio de Murano. Y cuando llegaba a esos destinos me las pagaban a muy buen precio. En Málaga bajaba con gran cantidad de cartones de cigarrillos, y eran los mismos aduaneros quienes me las pedían con desesperación. Yo las compraba, las compraba en mil y las vendía al triple, así que quién sabe a cuánto las venderían ellos. Y al regreso también traíamos cosas de África a Europa, como por ejemplo alfombras que comprábamos en Tánger para revender en Italia.

En suma, son muchos los modos que tiene el tripulante de un barco de de ganar buen dinero extra. Ya bien lo sabía mi padre la vez que años atrás mi padre enseñó, siendo apenas un chico recién salido de la adolescencia, a revisar los bolsillos de la ropa sucia en busca de billetes olvidados.

Rescate en altamar

Pero de mis historias en el Dana Corona ninguna se compara con la que contaré a continuación.

En caso que suceda una emergencia, cada tripulante tiene asignada una responsabilidad al margen de su trabajo. Poe ejemplo: un mesero no solo es mesero, también puede ser guía, camillero, mensajero… Y yo, en uno de mis viajes a bordo del Dana Corona, tuve oportunidad de ejercer mi responsabilidad extra. Y aquello sucedió en el transcurso de una larga noche que jamás olvidaré.

Zarpamos de Génova el sábado a la mañana. Era domingo a la madrugada y yo dormía cuando me vino a despertar a mi camarote un marinero que trabajaba en el deck.

—¡Fulvio, debes salir ya mismo de la cama!

—¿Qué sucede? —pregunté semidormido.

—¡Hay que realizar un rescate! ¡Preséntate ya en el puente!

Yo sabía que, en caso emergencia, mi responsabilidad era ser tripulante de uno de los botes salvavidas, así que me vestí de inmediato y corrí a cubierta.

Eran las tres de la mañana y el mar estaba cargado de olas. En el deck había varios marineros, el encargado del barco, un enfermero. Mientras recogía un salvavidas un compañero me informó la situación:

—El Dana Corona recibió un S.O.S. de otro barco que se está hundiendo frente a la costa de Barcelona.

—¿Qué más se sabe? —pregunté.

—Que es un barco pequeño, portugués, y que está atrapado en el Golfo de León, que suele ser tener corrientes fuertes. Ya estamos acercándonos para rescatarlo.

Cuando un barco envía un S.O.S. todos los barcos que están a cien millas a su alrededor están obligados a socorrerlo. Es una orden internacional imposible de obviar, se trata de un gesto solidaridad que hermana a todos los barcos del mundo.

Minutos después alcanzamos a ver a lo lejos al barco portugués. El fuerte oleaje hacía que podamos distinguir sus luces por algunos instantes, después el barco se hundía en el mar para reaparecer segundos después. Abordamos nuestra lancha salvavidas, y desde el deck comenzaron a bajarla del ferry al mar con unos cables. Toda potenciaba mi adrenalina: el bote bajando al vacío entre el viento y las olas violentas, el apuro por llegar rápido al barco que había pedido rescate... Ya estábamos cerca de tocar el agua, y una vez que eso suceda debíamos desenganchar la lancha y arrancar el motor. Pero apenas nuestro barco tocó el agua una fuerte ola arrancó los cables, y nuestro motor pareció descomponerse.

—¿Qué sucede? —le grité a mi compañero que se esforzaba por poner el motor en funcionamiento.

—¡No arranca! ¡No sé qué sucede!

La conclusión fue que jamás pudimos llegar hasta el barco que debíamos socorrer. Y no solo eso: también estuvimos toda la noche navegando a la deriva. Para peor la marea nos llevó al lado opuesto de donde debíamos ir y terminamos perdimos en plena madrugada.

Fue una noche larga, la mayoría de los muchachos que me acompañaban en el bote vomitaban debido al oleaje.

—¿Qué haremos? —preguntó uno de ellos, más asustado que preocupado.

Yo también estaba inquieto por la situación, pero intenté aportar un poco de calma:

—Tranquilo —dije—. En poco tiempo amanecerá, y pronto vendrán a buscarnos.

Una hora después los primeros rayos del sol comenzaron a alumbrar el horizonte. Y con la llegada del día las olas cedieron y el mar se volvió liso como un plato. Lo que no se veía era ningún barco o bote por ningún lado.

—¿Qué hacemos si nadie viene por nosotros? —preguntó otro de los muchachos.

—Nos deben estar buscando decenas de barcos —dije, rogando porque mis palabras sean ciertas—. Es cuestión de tiempo para que nos encuentren.

Yo sabía que acababa de decir no tenía por qué ser mentira, pero la verdad es que las horas se sucedían las unas a las otras y nuestro bote seguía solitario a merced de la marea.

El tiempo seguía transcurriendo, los minutos parecían horas.

Y conforme transcurría las horas también se acentuaba la impaciencia de algunos y el terror de otros.

Hasta que bien pasado el mediodía…

—¡Allí! —gritó un compañero—. ¡Allí, miren!

¿Era humo aquello que despuntaba en el horizonte? ¿O estaríamos viendo visiones de tan cansados que estábamos?

Segundos después comprobamos que se trataba de humo, y a los pocos minutos distinguimos la silueta de un barco.

Imposible describir de qué manera festejamos aquella aparición. No podíamos dejar de felicitarnos, festejar y hacer señas.

Se trataba de un buque guardacostas español que nos remolcó hasta nuestro barco.

Al llegar todos los pasajeros del Dana Corona nos esperaban en cubierta, nos sacaban fotos, nos saludaban. Nos gritaban cosas como:

—¡Bienvenidos de regreso!

—¡Han vuelto los héroes!

La verdad era que no éramos ningunos héroes, no habíamos salvado a nadie. Es más, ¡nos debieron rescatar a nosotros!

Pero bien aliviados y felices estábamos de haber podido regresar sanos y salvos al ferry. Estábamos tan agotados que nos dieron el día libre.

—¿Qué sucedió con el barco portugués que pidió auxilio? —le pregunté al Capitán.

—Fueron tantos los barcos que llegaron a rescatarlo que se pusieron en círculo a su alrededor para contener el oleaje, y así sus tripulantes pudieron bombear el agua que había ingresado dentro de la embarcación. Y al fin llegó un buque que lo remolcó hasta Barcelona.

Así que la historia, pese a los contratiempos, tuvo un final feliz sin pérdidas que lamentar.

A veces cuando cuento esta historia mis interlocutores me dicen:

—¡Qué miedo, qué angustia habrás vivido!

Para ser del todo sincero debo confesar que, por supuesto que aquella no fue una experiencia grata, pero mentiría si dijera que tuve miedo. Yo en ese tiempo era un muchacho, y para mí todo era un juego, una aventura. Y nada podía salir mal. Cuando eres joven el peligro y la muerte no son algo tangible sino apenas posibilidades lejanas que pueden ocurrirles a otros, pero jamás a uno. Es recién con el paso de los años que uno empieza a comprender que los actos tienen consecuencias, y que uno debe responder por ellos.

Ya me llegaría el tiempo de madurar, de dejar de ser un jovencito despreocupado para pasar a ser un adulto responsable de sus actos, y consciente de las consecuencias que tienen esos actos.

Lo que es innegable es que la vida de vagabundo me llenó de anécdotas —algunas emocionantes, otras disparatadas, divertidas o duras—, y que la vida de mar me ayudó a exprimir mi juventud al máximo. Y no me arrepiento de ello.

Pero el futuro me tenía deparado muchas más historias. Mi próximo destino sería América. Y América me aguardaba repleta de nuevos destinos, amistades y experiencias. Y también de amores, algunos de ellos inolvidables.

CAPÍTULO IV

PACIFIC PRINCESS

~ ❦ ~

El Pacific Princess pertenecía a la Compañía Princess Cruises, y realizaba la ruta del Pacífico. Partía de San Pedro, California, y hacía cruceros de una semana de San Pedro a Acapulco, México.

Hoy en día se suelen construir barcos inmensos, gigantescos hasta la ridiculez. Y buena parte de la gente está convencida de que un barco, cuanto más grande, mejor. Eso es un gran error. Cuanto más pequeño sea el barco más bonito será el viaje y la experiencia en altamar. Un pasajero puede pasar una semana a bordo de alguno de esos inconmensurables cajones flotantes con más de cinco mil personas, que no terminará de conocer lo que el barco tiene para ofrecer. Son demasiados los restaurants, los bares, los salones de shows, los gimnasios, los pisos, pasillos y recovecos... y por sobre todas las cosas es demasiada la gente que te rodea. Y a fin de cuentas el resultado no es otro más que una experiencia poco estética, incómoda y confusa.

El Pacific Princess contaba con a lo sumo setecientos pasajeros, y eso le permitía tanto al barco como a la tripulación —de unas trescientas personas— brindar una experiencia cálida y afable. Al haber menos gente el barco puede ofrecer otro tipo de comodidades: una atención más personalizada, dos turnos para cada comida, y un trato más dedicado y personal.

El Pacific Princess, junto al Island Princess, fue uno de los barcos que más disfruté y a los que más cariño les tuve en toda mi vida. Aún hoy me emociona rememorar aquellos días. Yo creo que la razón de haber sido tan feliz en él se debe a una mezcla entre dos cosas: amistad, amores, y juventud. Cuando agregas esos tres elementos en una coctelera, y sacudes bien, el resultado no es otro más un trago de felicidad.

Hice grandes amigos en esos barcos, algunos que me acompañan hasta hoy. Fue sin dudas la mejor época de mi vida— yo rondaba los veintitrés, veinticuatro años—, y no recuerdo un solo momento en que el crucero se me haya vuelto pesado.

Y cuando hablo de disfrutar me veo obligado a hacer una pausa para darles un merecido espacio a algunos de los buenos compañeros que me acompañaron a través de tantos años y viajes. Imposible no mencionar a Rocco —que en paz descanses, amigo querido— y a Serafino. Ambos eran italianos, uno calabrés y el otro del norte. Éramos inseparables, y ellos siempre fueron mis compañeros no solo de alegrías y aventuras, sino también de soledades y tristezas. En todo momento yo tenía en claro que podía contar con ellos, así como ellos sabían que podían contar conmigo. La vida en altamar siempre fue más grata al saber que mis queridos amigos eran parte de mi día a día, y que siempre se hallaban dispuestos a escucharme y acompañarme.

El Pacific Princess, como todos los barcos que realizan un recorrido de puertos de sol y playa, llevaba a muchos pasajeros jóvenes. Y los pasajeros jóvenes son lo mejor que le puede pasar a la tripulación. Porque apenas tienen oportunidad bajan de barco y huyen rumbo a las playas, y el barco queda semivacío. Y eso hacía que nosotros tengamos más tiempo para disfrutar, o para que nos den el día libre. Era maravilloso ver a los pasajeros abandonar el barco para volver recién por la noche, felices y bien tostados por el sol. ¡No vas tomar un crucero para estar todo el día encerrado con aire acondicionado! Entonces, al saber que en vez de atender a setecientos pasajeros habría que atender a menos de la mitad, nos dejaban libres a la mitad de los meseros. Y podíamos irnos a disfrutar también nosotros.

Sin embargo, no alcanza con decir que la razón de mi felicidad por aquel crucero se debía a mis amistades, amores y juventud. Había una razón más. Y esa razón tiene el nombre de una ciudad: Acapulco.

Yo adoraba Acapulco. Tanto la adoraba que había acordado con un compañero que yo quedaría siempre libre en esa ciudad, y que en cambio lo cubriría a él en otro puerto.

¿Cómo explicar mi amor por Acapulco? ¿A qué se debe mi pasión por aquella ciudad que me regaló algunas de los mejores momentos de toda mi vida? Los invito a seguir leyendo las siguientes páginas, queridos lectores.

Pasajeros famosos

Pero antes de hablarles de mi amor por Acapulco y de detallarles las maravillas que recorría el Pacific Princess, haré una breve pausa para hablarles de los pasajeros famosos que tuve la fortuna de tratar en mis años en altamar.

En ese barco atendí a mucha gente importante. Recuerdo muy bien la locura que se vivió cuando los dueños de la compañía invitaron a un crucero a todo el plantel de los Miami Dolphins, que venían de ganar tres veces seguidas el Super Bowl

—hablamos de los años 1971/72/73—. Todos los jugadores campeones vinieron con sus esposas e hijos, era un grupo muy grande. La mayor parte eran gigantes morenos de dos metros de altura, se acercaban de a varios a los puestos de comida del deck, y se paraban delante de mí con rostros hambrientos. Yo tenía mi grill con unas quince hamburguesas y pretendía hacer con ellos lo que hacía con todos los pasajeros: entregárselas de a una, pero ellos me decían con tremendos vozarrones:

—*Just one? I want them all!*

Y yo, con cara de preocupado, balbuceaba:

—*All of them?*

—*I told you! I want them all!*

¡Bastaba con uno solo de ellos para vaciar mi parilla de hamburguesas! Y se iba uno e inmediatamente detrás había otro esperando que le sirva de inmediato otra decena de hamburguesas. ¡Dios mío, qué manera de comer! Impresionante. Para mí, un italiano proveniente de la cultura del fútbol, cuyos jugadores suelen ser ligeros, toda esa situación me resultaba era sorprendente. Esos tipos eran de veras intimidantes. Uno de ellos incluso me agarró del cuello pidiéndome más hamburguesas. Yo sonreí, simulando que todo aquello era una gracia, pero la verdad es que me asusté un poco. Este cabrón me va a matar, pensé. Y la experiencia se repitió en 1977, cuando los Oackland Riders ganaron el Super Bowl.

No todos eran deportistas, también atendí a un buen número de artistas: Deborah Kerr —uno de los grandes mitos ingleses del cine—, Jackie Gleason, Steve McQueen, Sascha Montenegro —actriz y vedette mexicana viuda del ex presidente José López-Portillo—, Van Halen… es imposible nombrarlos a todos. Es más, son tantos que a algunos incluso los olvidé.

También atendí a muchos millonarios. Ahora me viene a la mente la vez que subieron al Pacific Princess los Garza Sada, una de las familias más ricas de México, dueños de un buen número de conglomerados de empresas. Los Garza Sada, que eran como cuarenta, habían asistido al barco para festejar los quince años de una de sus hijas. Todo lo que los rodeaba era entre insólito y deslumbrante, y tenían gestos inconcebibles, como la vez que le regalaron al pastelero del barco una gruesa moneda maciza de oro puro. ¿Y por qué? ¡Porque el hombre les cocinó un pastel que les agradó!

—¡Mira, Fulvio! —me decía el pastelero mientras el dorado le refulgía en las pupilas—. ¡Oro puro!

Mi compañero estaba tan feliz que no le cabía la sonrisa en el rostro. ¡Esa moneda valía una pequeña fortuna! Y no solo con él tuvieron gestos de ese tenor, lo hicieron con varios tripulantes del barco.

Cabo San Lucas

Los cruceros del Pacific Princess comenzaban a las 6 de la tarde del sábado, cuando los pasajeros embarcaban en San Pedro, el puerto de Los Ángeles. Teníamos un día de navegación y durante la tarde se hacía el Welcome on Board Cocktail, donde los pasajeros podían intercambiar unas palabras y fotografiarse con el Capitán del barco. ¡La gente adoraba gastar plata para tener aquella foto! Y por la noche se celebraba el Welcome on Board Party Dinner. Aquella era una cena formal, de gala, en la que cada oficial tenía su mesa asignada.

El lunes por la mañana llegábamos al Cabo San Lucas, ubicado al extremo sur de la Península de la Baja California. Ahí no había muelle, por lo tanto, el barco permanecía fondeado cerca del Arco del Cabo San Lucas, que es una muy llamativa formación rocosa que, según la perspectiva con que se la observe, tiene la forma de un dinosaurio bebiendo agua del océano. Es un sitio visitado y admirado por muchísimos turistas de todas partes del mundo.

Al llegar allí el barco ponía disposición unas lanchas para quienes deseen llegar a tierra. Yo solía aprovechar ese tiempo libre para ir a pescar, ya que el Capitán ponía una lancha exclusivamente de uso exclusivo para el personal. Pasé buenos momentos en ese sitio y, pese que no soy un eximio pescador, más de una vez pesqué langostas de gran tamaño, que por la noche se las entregábamos al chef para que nos la cocine. Eran cenas de veras deliciosas, imposible comer un pescado más fresco. Una vez, mientras disfrutábamos de una de esas cenas, un compañero me dijo:

—¡Oye, Fulvio! ¿Cuánto nos costaría un manjar así en un buen restaurant?

—¡Mejor no saberlo! —respondí.

Ese era otro ejemplo de los pequeños pero significativos lujos que nos brindaba nuestro trabajo. ¿O acaso no es un lujo poder disfrutar de una langosta recién salida del mar preparada por un chef de alto nivel?

En ese destino bastaba con echar una caña al mar para pescar de todo. Una vez me ilusioné al ver que de mi caña colgaba un pez grande de ribetes blancos y negros.

—¡Miren esto! —les grité a mis compañeros.

Pero por fortuna uno de ellos entendía del tema, y me dio el consejo adecuado:

—¡Devuelve ya mismo eso al mar, Fulvio!

—¿Por qué?

—¡Porque es una serpiente de mar! ¡Y es venenosa!

No es necesario aclarar que de inmediato corté la cuerda.

Otra vez también pesqué un gran pescado que tenía la particularidad de inflarse en el aire como un globo, y también debí liberarlo porque me dijeron que era venenoso.

La pesca era muy habitual en esa zona, al punto que muchos estadounidenses solían hacer el tour de la pesca del marlin, el pez vela. Había yates esperándolos para llevarlos a altamar a pescar ese pez tan buscado.

Y entre sol, pesca y playas, el día en San Lucas llegaba a fin, y el Pacific Princess encendía sus motores rumbo al siguiente destino, porque la vida en un barco jamás se detiene. En los cruceros no existe ni el ayer ni el mañana, en un crucero la vida es un presente constante. Y ahí estamos nosotros, sus tripulantes, desde el Capitán hasta el último ayudante, para que todo ese inmenso engranaje se mantenga en perfecto funcionamiento.

Las Hadas, Puerto Vallarta y Mazatlán

Hacia las siete de la tarde el Pacific Princess comenzaba su travesía con destino a la ciudad mexicana de Manzanillo. Ahí permanecíamos unas pocas horas en las que algunos pasajeros eran llevados a visitar Las Hadas, que son unas playas de pendientes suaves y oleaje calmo. Las Hadas está considerada la playa más tranquila de la Bahía de Manzanillo, y es recordada porque allí se filmó la película Ten, la mujer perfecta, con Bo Derek.

Tras una breve estadía en Las Hadas nos dirigíamos a Puerto Vallarta. Allí el barco atracaba, pues era una ciudad famosa por sus playas, por sus tours y por una vida nocturna sensacional repleta de bares y restaurants.

Una de las cosas que más recuerdo de Puerto Vallarta era que tenía una gran sucursal de una famosa cadena de restaurants del Caribe llamada Sr. Frog en la que los norteamericanos hacían auténticos desmadres. Allí las meseras iban con su cintura rodeada de botellas de diversas bebidas alcohólicas, y ellas mismas agarraban al cliente, lo echaban hacia atrás, y le lanzaban un chorro de tequila en la boca.

—¡Más bebida! —gritaban los turistas—. ¡Más bebida!

Y así se sucedían las horas, entre festejos, risas y aplausos. Y por supuesto que todos terminaban borrachos.

Ya de vuelta en el barco dejábamos atrás Puerto Vallarta y seguíamos rumbo hacia Mazatlán, que tenía una bella Riviera —con un también muy interesante centro histórico, también llamado Viejo Mazatlán— para llevar a los pasajeros.

Una de las primeras cosas que me vienen a la mente al pensar en Mazatlán son sus taxis. Eran muy llamativos, de tres ruedas, con el conductor adelante y atrás dos asientos sin ventanillas ni puertas, apenas un techito. Si las temperaturas estaban bajas, el viento frío te entraba por todas partes. Entonces decíamos:

—¡Vamos a agarrarnos una pulmonía!

Así fue que a esos taxis tan característicos de esa ciudad los llamábamos… ¡Pulmonía! Me dan ganas de reír de solo recordarlo.

En Mazatlán yo solía bajar del barco para asistir, junto a algunos de mis compañeros, a lugares como Sr. Frog. Para la gente del lugar esos sitios eran caros, pero nosotros podíamos darnos el gusto de gastar en ellos treinta o cuarenta dólares sin problemas, pues no nos significaban más que una propina. Y también íbamos a lugares nocturnos y prostíbulos de los que regresábamos estallados de felicidad y gozo.

Ixtapa

La siguiente escala era Ixtapa, una ciudad pequeña y reluciente que por momentos me remitía a un hermoso anillo recién quitado de un cofre. Esto se debía a que Ixtapa había sido un centro turístico planeado y detallado minuciosamente desde su creación a fines de los años 60'. Fue solventado por el Fondo Nacional de Fomento al Turismo de México, y ya en los 70' relucía con una buena cantidad de villas de lujo, hoteles, y servicios para los recién llegados.

En Ixtapa tampoco había muelle, así que quedábamos fondeados en una bahía ubicada delante de Las Gatas, una de esas playas que hacen que el Pacífico de México sea un auténtico paraíso codiciado por turistas de todo el mundo. Como el barco pasaba todo el día ahí, a Las Gatas bajábamos algunos de los empleados del barco y, con el permiso de las autoridades del lugar, montábamos un buffet y un grill gigante para atender a los pasajeros del barco. Es cierto que trabajábamos, pero nos gustaba mucho más pasar el día allí que en el barco. Estábamos en la playa, en contacto con el agua y el sol, rodeados de mujeres bellas, y teníamos la posibilidad de atender a los pasajeros jóvenes, que eran mucho menos demandantes que los mayores, que eran quienes se quedaban en el barco.

Una vez que terminábamos de servirle la comida a los pasajeros y el sol comenzaba a caer, le dábamos la comida que sobraba a los chavos del lugar —ellos ya nos esperaban, sabían que le daríamos esa comida que era de veras sabrosa—, y volvíamos al Pacific Princess, que rondando las 7 de la tarde salía rumbo a Acapulco, el último puerto del crucero.

Y si hay un puerto en este libro que merece un capítulo aparte ese es Acapulco. Mi adorado y anhelado Acapulco. Esa ciudad que aún hoy amo y anhelo. Ustedes, queridos lectores, muy pronto sabrán a qué me refiero.

Acapulco

Acapulco estaba muy cerca de Ixtapa, así que el Pacific Princess recorría ese trayecto bien despacio. Pese a que un barco puede llegar a los veintidós nudos de velocidad, los cruceros en general suelen ir a nueve o diez para ir evitar movimientos bruscos, pero ese tramo lo hacíamos a exiguos tres nudos, pues la idea era llegar a la Bahía de Acapulco al amanecer del día siguiente, a las 6.30 de la mañana.

Ya les dije que para mí esta ciudad es especial, la conservo en un sitio especial del arcón de mis recuerdos. Acapulco es una ciudad tan bella y magnética que enamora desde el primer golpe de vista, desde el exacto instante en el que uno pone sus ojos en ella. Y era por esa razón que el Pacific Princess se demoraba en su andar desde Ixtapa, para poder hacer su entrada a Acapulco al amanecer. ¿Por qué? Porque su bahía es de las más bellas del mundo. No exagero en nada. He tenido la fortuna de recorrer los mares y puertos de todo el mundo, y les puedo asegurar que hay pocos espectáculos más deslumbrantes que la entrada a la bahía de Acapulco. A pesar de tantos viajes realizados, me recuerdo saliendo al deck para contemplar los primeros rayos del sol alumbrando a aquel inigualable horizonte de mar dorado y edificios a contraluz... Un panorama único, inolvidable. Un paisaje que era la puerta de entrada a lo que para mí siempre fue "el México Mágico". Porque la palabra que más y mejor define a la ciudad más bella de ese país fantástico, es "Mágico".

Las ciudades son como las personas: tienen sus años de crecimiento, de esplendor y, por desgracia, también de inevitable decadencia. Y aquellos eran los años del esplendor de Acapulco, y bastaba con poner un pie en ella para comenzar a percibir y disfrutar de toda la Magia.

La ciudad vivía, vibraba y bullía de sol, playa, viajeros llegados de todas partes del mundo, noche, amoríos, discotecas excepcionales, infinidad de bares y restaurants, muchachas bellas hasta la exasperación... Era un mundo fascinante, y más aún para un veinteañero, como lo era yo.

Tal como les mencioné, el Pacific Princess llegaba el viernes por la mañana, y permanecíamos en Acapulco por dos noches —que es lo que en un crucero se llama overnight—, hasta que regresábamos el domingo a la tarde. Pero esas dos noches... esas dos noches solían durar mucho más que cuarenta y ocho horas. Esas dos noches muchas veces eran eternas, porque bien saben ustedes que a veces al tiempo no se lo puede medir tan solo según lo señalan las agujas del reloj. La magia de Acapulco hacía que aquellas dos noches fueran eternas, cada hora valía un día, y cada día podía durar una vida.

A las diez de la noche terminaba mi labor en el barco, entonces yo era al fin libre y bajaba a la ciudad. Llegaba al puerto, subía a un taxi y partía rumbo a alguna de las tantas discotecas desparramadas por la ciudad: Baby O, Magic, Extravaganza, Fantasy, Le Giarden, Baby O, que era la más famosa, y aún existe; también estaban Boccaccio, Armando's Le Club y Gallery. Ahí iban los mayores artistas de México, Latinoamérica y Estados Unidos. En cualquier sitio podías encontrarte con Alejandra Guzmán, Emmanuel, o con alguna estrella de Hollywood. Pero de todas las discotecas, mi favorita era U.B.Q. Siempre tenía una multitud de gente que se desesperaba por ingresar, todos haciendo una interminable fila ante una gran alfombra roja. Quien custodiaba la entrada y permitía los ingresos era un hombre canoso llamado Rubén que impresionaba con su presencia. Sin embargo, Rubén jamás fue un problema para mí, es más: Rubén era mi aliado. Cada vez que me veía rondando la entrada de U.B.Q., me decía:

—¡Bienvenido, Fulvio! ¡Cuántos son?

Ante la sorpresa de los amigos y muchachas que me acompañaban, yo respondía:

—Somos cinco, Rubén.

Y él me ubicaba al frente de la gran fila de gente, y me decía:

—¡Pasa, pasa!

Los privilegios no acababan ahí. Una vez dentro me daban una mesa de pista, desde donde se tenía una vista inigualable de toda la discoteca, y en la que solo bastaba dar dos pasos para estar bailando.

¿Cómo conseguía aquel trato especial? Principalmente porque nunca fui tacaño. Así como los pasajeros del barco me ofrecían generosas propinas, yo después les daba generosas propinas a personas como Rubén. Personas como Rubén no olvidan esos gestos, y apenas me veían llegar me otorgaban un trato preferencial. Otra cuestión que me beneficiaba eran mis contactos y amistades, pues cuando el Pacific Princess atracaba en Acapulco, se permitía que gente local pudiera subir a cenar al barco. Y una vez un comensal al que yo había atendido de maravillas, me dice:

—Soy el dueño de una de las mejores discotecas de la

ciudad.

—Qué bien —le dije mientras terminaba de servirle una copa de champagne de cortesía.

—Ten mi tarjeta. Cuando salgas, ven. Serás muy bien recibido y no pagarás nada.

Resultó ser que el hombre era el dueño de nada menos que de Armando Le Club. Siempre se comportó magnífico conmigo, y lo que me dijo era cierto: a partir de ese momento cada vez que puse un pie en Armando Le Club tenía reservada una mesa en pista y me trataban de un modo insuperable. El ambiente era magnífico: siempre lleno de gente, todos bebiendo, cantando, festejando...

La ciudad, en aquella época, contaba con su propia Zona Roja repleta de bares y night clubs. Entre ellos se destacaba La Huerta, un inmenso y famosísimo prostíbulo al que llegaban un gran número de taxis e incluso buses cargados de turistas. Bien se puede decir que todos iban allí, hasta los oficiales del barco. Allí había un show de travestis al que todo el mundo quería concurrir, era famoso en todo México, se llamaba El Show de Mayambé. La Huerta era uno de los epicentros de la Acapulco de esos años, al punto que es imposible describir la ciudad sin hacer mención a la eléctrica y excitante energía que recorría cada rincón de aquel interminable y refinado prostíbulo.

Por momentos miro hacia atrás y creo que estar en la Acapulco de esos años era estar en la mejor ciudad del mundo en el mejor momento posible. Porque como antes señalé, las ciudades son como las personas: tienen un tiempo de desarrollo, de esplendor, y también de decadencia. Y hoy, por desgracia, ya no existe todo esto que describo, pues la ciudad cayó en manos de la droga y la violencia. Pero en aquel tiempo todo era brillo y disfrute, no existía la inseguridad y cualquiera podía caminar por la ciudad a las cuatro de la mañana en una fiesta interminable.

En fin, en Acapulco me sentía el rey de cualquier discoteca a la que fuese. Y el secreto era no ser tacaño. ¿Qué necesidad tenía yo de ahorrar si era un muchacho joven y sin responsabilidades al que en tierra firme no lo esperaban esposa e hijos? Yo podía darme el lujo de pensar solo en el presente. Y mi presente constaba en disfrutar mi juventud todo lo posible, y en aprovechar al máximo cada nueva geografía a la que me llevaban los barcos. Porque cada puerto era tanto una aventura como un aprendizaje. Y yo, en ese momento de mi vida, no quería hacer otra cosa más que disfrutar y aprender de todo lo que me rodeaba.

Volviendo al tema de las discotecas, el ser generoso con las propinas me permitía ser tratado de modo preferencial. Y yo aprovechaba esa situación, e intentaba ser generoso con mis mejores compañeros del barco, a los que invitaba a venir conmigo para compartir la mejor mesa regada con buenas botellas. Esa actitud despreocupada y generosa me ayudó a ser bien mirado por las mujeres. Diré lo siguiente sin vanidad: yo era un muchacho atlético y guapo, y siempre traté a las mujeres como a princesas. Jamás las usé ni las menosprecié, todo lo contrario.

—Pide lo que quieras—les decía apenas llegábamos a la discoteca.

Cada vez que tenía oportunidad les hacía regalos, era romántico y detallista. Y eso las mujeres lo valoraban, al punto que al llegar a Acapulco jamás me faltó compañía, siempre había una bella mujer que me esperaba y acompañaba.

Del barco siempre salía en grupo junto a dos o tres compañeros, y a poco de llegar al puerto, les decía:

—Vamos juntos a la disco, bebemos y comemos, pero sepan que si encuentro algo, me zafo y me voy.

Ellos lo comprendían bien, pues salir juntos no significa regresar juntos. No teníamos una rutina fija, pero al llegar a la ciudad en general solíamos ir al Holliday Inn, que tenía un lobby con un maravilloso bar en el que solían tocar buenos grupos de pop de los años 70'. Aquel era el sitio donde muchos nos reuníamos para escuchar música, tomar un trago, y encontrar compañía, ya que ahí había incontables mujeres mexicanas, colombianas, argentinas... todas bellas, elegantes, deseosas de encontrar buena compañía para estirar la noche hasta el amanecer. Yo me deslumbraba, y no solo porque era un muchachito con ganas de comerme al mundo de un bocado, sino también porque era italiano. Y a los italianos nos fascinan las mujeres americanas, pues son diferentes a las europeas con las que solemos tratar. Aquellas mujeres que desfilaban por toda Acapulco eran otra cosa: se vestían diferentes, su piel era morena y estallada de sol, y su predisposición para la diversión era otra. Y por sobre todas las cosas lo que yo más adoraba de esas mujeres era que no se paseaban con ese aire de "paridas por Zeus" tan propio de las europeas. En Acapulco te acercabas a una chava, le hablabas, ella te sonreía, y tal vez a los diez minutos te estabas besando con ella. Son mujeres cálidas, receptivas, sin complejos. Aunque no creo que ellas fueran así con todos los hombres. Lo que sucedía era que muchos hombres centroamericanos son machistas y tratan con violencia y desprecio a las mujeres. Y muchas de ellas se vengaban con muchachos como nosotros, jóvenes que bajábamos de los barcos deseosos de cortejarlas y pasarla bien. Ellas estaban tan acostumbradas a ser denigradas por algunos de los hombres que solían rodearlas, que cuando se encontraban con un jovencito italiano dispuesto a tratarlas como a princesas, se sentían tan halagadas que se abrían de pies a cabeza.

Tantos amoríos vividos en esa ciudad en algo habrán influido para que haya sido Acapulco el sitio donde conocí nada menos que al gran amor de mi vida: Lucía, mi actual esposa. Eso sucedió hacia 1980. Yo caminaba junto a tres amigos por la avenida costera, que era un bullicio de gente que paseaba y se trasladaba de un lado a otro. Y en medio de esa muchedumbre, vi venir a tres muchachas guapísimas. Pero entre ellas tres había una que sobresalía.

—Dios mío, qué cuerpazo —murmuré.

Aquella mujer era tan despampanante que, pese a estar ubicado a la derecha de mis amigos, me cambié a la izquierda para poder cruzármela de frente. Y alcancé a notar que, mientras yo cambiaba de posición, ella me miraba fijo. O sea, nos conectamos con la mirada desde el primer segundo. Cuando al fin la tuve delante de mí, aminoré el paso, junté coraje, y le dije:

—Ven esta noche conmigo a la discoteca, y me caso contigo.

Hay momentos en que nuestra vida cambia para siempre. ¿Dónde estaría yo hoy si en ese instante Lucía no me hubiese prestado la menor atención? Pero por fortuna no ocurrió nada de eso, y ella dijo:

—¡Vámonos a la discoteca!

Y al escuchar esas palabras, yo sonreí feliz como pocas veces en mi vida. Esa mujer era diferente, algo en mi interior me aseguraba que esa mujer era de veras especial.

Caminamos los tres hombres junto a las tres mujeres rumbo a U.B.Q. Al llegar nos encontramos ante el inevitable hervidero de gente, todos desesperados por poder ingresar, por lo que Lucía comentó:

—Qué pena, será imposible entrar.

Fue en ese momento cuando supe que la vida me daba la oportunidad de jugar mi mejor carta:

—No te preocupes —le dije—. Te aseguro que en cinco minutos estemos sentados en la mejor mesa de la discoteca.

Tanto ella como sus amigas me miraron extrañadas. Y yo le hice seña a Rubén —que como siempre estaba junto a la entrada de la discoteca—, que, al verme, me dijo:

—¿Una mesa para cuatro, Fulvio?

—Esta vez somos seis.

Rubén tan solo dijo:

—Muy bien. Adelante, pasen. Y sean bienvenidos a U.B.Q.

Cuando Rubén quitó el cordón para que pasemos, los cientos de personas que rogaban poder entrar nos miraron sorprendidos. Hasta alcancé a escuchar algunos murmullos que decían:

—¿Quiénes son esos seis?

—Deben ser famosos.

—O millonarios.

—Yo creo conocerlos. Son actores de televisión.

Incluso tiempo más tarde, Lucía me confesó que en ese momento se preguntó si yo no sería algún artista italiano que ella desconocía.

Pero las sorpresas no terminaron allí. A poco de entrar a la discoteca nos ubicaron en mesa de pista, allí sentado uno se sentía el dueño del lugar. Apenas nos sirvieron una buena botella le dije a Lucía que podía pedir lo que ella desease y al rato le regalé unas rosas.

En suma, hice todo lo que un hombre puede hacer para impactar a una mujer, y ella hizo lo mismo conmigo. Todo lo que sucedió en los siguientes dos días fue maravilloso y debo confesar que me enamoré de inmediato de ella.

Acapulco era demasiado generosa conmigo: no solo me ofrecía momentos inolvidables cada vez que yo ponía un pie en ella, sino que ahora me regalaba al amor de mi vida.

Pero los días transcurrieron veloces, y no me quedó más remedio que regresar al Pacific, que el domingo a la tarde volvía a poner sus motores en funcionamiento.

Al momento de la despedida supe que Lucía no era una más, era especial, y yo deseaba seguir en contacto con ella.

—Aquí tienes el itinerario del barco —le dije—. De este modo sabrás qué días estaré de regreso en Acapulco. Cuando yo regrese nada me haría más feliz que saber que tú me estás esperando.

Y así fue. A mi regreso Lucía me aguardaba para retomar aquellos dos días de amor y pasión. Y esa magia —que tal vez hayamos heredado de la siempre mágica Acapulco— jamás nos abandonó hasta el día de hoy,

En fin, imagino que ahora bien pueden, queridos lectores, comprender por qué Acapulco es una ciudad que conservaré por siempre en el arcón de los recuerdos más añorados de mi vida.

Acapulco. Mi Eterna y Mágica Acapulco.

Alaska

Cuando el verano llegaba a su fin, el Pacific Princess ponía rumbo al norte con destino a Los Ángeles, después subía a Vancouver (donde embarcaban los pasajeros) y a partir de allí comenzaba el crucero a uno de los destinos más exóticos del planeta: Alaska.

A la hora de viajar a Alaska se notaba de inmediato una diferencia en los pasajeros del barco: la clientela era considerable mayor. En Alaska no hay playas ni largas horas bajo el sol junto a la pileta del barco. Y al bajar en los puertos el clima no siempre acompaña y los pueblos no te dan la posibilidad de pasar mucho tiempo en ellos, ya que se limitan a una calle principal —con algunos pocos bares, negocios de souvenirs, postales y joyas— y nada más.

Uno de los tours más requeridos era el de Glacier Bay: un gran conglomerado de bahías y glaciares que, debido a su magnitud fue declarado en 1925 Monumento Histórico por el Gobierno de los Estados Unidos, y en 1980 como la mayor Reserva de la Biosfera del Mundo por la Unesco. Basta con decir que es conocido como "El mayor glaciar del Pacífico" para darse una idea de lo sobrecogedor del espectáculo. No es sencillo describir con palabras a aquel portento de la naturaleza, pero diré que era emocionante observar desde la cubierta del Pacific Princess la pared del glaciar. Esa monumental masa de hielo purísimo de un color entre blanco y azulado centelleando bajo los rayos del sol del Ártico. Y esa visión se potenciaba por el crujir de los inmensos pedazos de hielo que se desprendían del glaciar para caer al agua como filosas dagas que generaban grandes olas.

El barco se detenía largas horas ante el glaciar a la espera de que se rompan los glaciares, y cuando aquello al fin sucedía los turistas aullaban de miedo y emoción, y no dejaban por un instante de admirar y fotografiar a ese hecho único de la naturaleza. Y a todo lo que relato hay que sumarle la visión de las focas que solían pasearse por el hielo, mientras contemplaban al barco con actitud por momentos despreocupada, por momentos alerta.

Mi trabajo consistía en armar un buffet en el deck para que los pasajeros pudieran comer y tomar algo caliente durante las seis horas que el barco permanecía ante los glaciares. Y por supuesto que, más allá de haber estado allí varias veces, no podía dejar de fascinarme ante lo que mostraban mis ojos.

Los pasajeros deseosos de aventuras se sumaban a un tour un tanto más extremo: sobrevolar los glaciares en una avioneta a hélice. Bastaba con imaginar lo que serían aquellas vistas desde lo alto para que uno se le cortara el aliento.

Por desgracia todo lo vinculado a ese tour aéreo me genera al día de hoy una mueca de profunda tristeza. Les explicaré la causa de mi pena: La empresa de avionetas tuvo el gesto de sortear un vuelo para los tripulantes del barco, así que se organizó una rifa. Recuerdo bien los comentarios entre mis compañeros:

—¡Espero ganar!

—Ni lo sueñes —decía otro—. ¡El ganador seré yo!

—Calma, muchachos —intervenía otro compañero—. Seré yo quien gane la rifa. Y le pediré al piloto que sobrevuele el barco así los saludo desde lo alto a todos ustedes.

Las risas eran infinitas, pero muy pronto llegarían a su fin.

De verdad que tenía ganas de ser el ganador de ese sorteo, sin embargo… tuve la gigantesca suerte de no ganarlo. ¿Por qué? El sorteo lo ganaron un matrimonio de filipinos que trabajaban de cabinistas. Como es lógico, ambos estaban muy felices de haber sido ganadores. Sin embargo, el destino les tenía reservada una broma macabra, ya que en el transcurso de ese tour se cayó la avioneta y murieron todos quienes iban a bordo.

Era un día precioso, soleado, de esos en los que es imposible pensar que existe la menor posibilidad de que pueda suceder algo malo. Pero la vida, para bien o para mal, jamás deja de sorprendernos, y de vez en cuando nos recuerda que nosotros, los seres humanos, somos apenas pequeños engranajes a su merced.

De ser esto posible, desearía que estas líneas sean mi sentido homenaje a aquella pareja de compañeros que se toparon con la muerte del modo más injusto e inesperado.

Volviendo al día a día en el barco, debo confesar que, más allá de los magníficos paisajes, para un tripulante pasarse cuatro meses recorriendo Alaska puede llegar a ser duro. Pues, como antes señalé, el trabajo se multiplica debido a que los pasajeros pasan poco tiempo fuera del barco, y a eso hay que sumar el frío y las lloviznas usuales. ¡Si así era el clima en verano no me quiero ni siquiera imaginar lo que sería en invierno! Como compensación debo decir que tanta atención a los pasajeros redundaba en propinas más abundantes, pero de todos modos el sacrificio era mucho.

Y en lo que tenga que ver con ganar algún dinero extra, había compañeros que eran más que originales, aunque ninguno como el Barón —cuyo verdadero nombre era Vincenzo—. El Barón, que en Italia había trabajado en una joyería, tenía por costumbre ir a la cocina para llevarse los huesos más grandes de las aceitunas. Y después, con la ayuda de un bisturí quirúrgico, tallaba en ellos diversas figuras. El resultado era de veras excepcional. Tras levantar las mesas, mi compañero solía ofrecerle sus pequeñas obras de arte a los comensales, y así ganaba un muy buen dinero. Y para colmo era uno de los muchachos más carismáticos que conocí en mi vida, por lo tanto, era imposible para los pasajeros no comprarle algo. Más adelante les contaré más peripecias del Barón.

Una escala usual del Pacific Princess era Skagway, una pequeña ciudad del sureste de Alaska. Skagway se destaca por mantener en buen estado los edificios que quedaron en pie de la época de la fiebre del oro, cuando ciudadanos de toda Norteamérica arriesgaban sus vidas con la esperanza de asegurar su futuro económico.

Una vez, por alguna extraña razón, tras bajar en su muelle de madera, las autoridades del lugar nos regalaron brochas y pinturas y nos permitieron pintar las grandes rocas que cubrían la costa.

Yo me aparté un tanto del resto, y pinté con letras firmes sobre el borde de una roca lisa:

Fluvio de Col estuvo aquí
con el Pacific Princess
1975

Me agrada pensar que tal vez aquel mensaje haya logrado resistir el frío, las nevadas y el hielo. Y que tal vez aún hoy haya algún pasajero de los cruceros que siguen emprendiendo la ruta de Alaska que se detenga un instante ante esas rocas y sepa que, una vez, durante el ya lejano 1975, un muchacho llamado Fulvio de Col estuvo allí.

En Skagway, una vez que nos liberábamos de las tareas vinculadas al lunch, algunos tripulantes solíamos emprender por dos horas un camino cuesta arriba que conducía a un puesto de guardabosques del gobierno. Desde lo alto se lograba avistar un lago precioso, de un celeste que se unía al cielo de un modo que era imposible saber dónde terminaba uno y dónde comenzaba el otro. Se decía que esa era un área en la que nos podíamos topar con osos, pero por suerte jamás vi ninguno.

Aquella vez subimos unos quince compañeros —unos once muchachos más cuatro mujeres, dos bailarinas y dos empleadas del casino— y una vez que alcanzamos la cima nos metimos en la cabaña del guardabosques, que estaba vacía. Y entonces alguien tuvo una idea entre delirante y graciosa:

—¡Saquémonos una foto con los pantalones bajos!

A principio nos pareció una locura, pero tras reírnos un rato nos animamos. Preparamos las cámaras para que hagan foto en automático, nos pusimos de espaldas uno junto al otro, nos bajamos los pantalones… ¡y nos fotografiamos con el culo al aire!

Fue muy divertido.

De regreso en el barco le pedimos al fotógrafo que nos revelara la foto, y después le pedimos que la imprimiera en tamaño grande.

—¿Qué haremos con esto? —pregunté mientras observaba entre sonrisas aquella imagen.

—Yo sé muy bien lo que haremos —dijo uno de mis compañeros.

—¿Qué has pensado?

—Ya lo verás, Fulvio.

Y fue de inmediato a pegarla en una de las paredes de nuestra cafetería. Y, como si aquello no fuera suficiente, debajo de ella escribió:

El que reconozca estos culos que anote
el nombre de a quién pertenecen.

Esa imagen causó sensación entre todos los tripulantes. Como estábamos todos de espalda era casi imposible distinguir quién era quién. Y era graciosísimo ver a nuestros compañeros arriesgar:

—¡Este culo es de Carlos!

—¡Yo creo que este es de Marisa!

Hasta los oficiales pasaban a ver la foto, arriesgaban nombres y se reían.

Les había contado que tenía más historias de mi compañero el Barón, así que aquí se las relataré. Una vez entramos juntos a una joyería de Skagway, donde el Barón le mostró al joyero los trabajos que hacía con los huesos de las aceitunas. El joyero, admirado ante el talento de mi compañero, le hizo una propuesta:

—Mira, esto es un diente de elefante.

—Puro marfil —dijo el Barón.

—Por supuesto. Te lo daré así lo trabajas, así como lo haces con los huesos de las aceitunas. La semana que viene, cuando el barco vuelva a Skagway, tú me devuelves el diente tallado. Te lo pagaré muy bien. Pero te ruego una cosa.

—¿Qué?

—Este diente vale muy buen dinero. Te ruego seas cuidadoso con él.

El Barón aceptó la propuesta y se llevó el diente.

El problema fue que el Barón jamás regresó. Y para peor mi amigo talló el diente y se lo vendió a un pasajero a un precio muy considerable. Y cada vez que atracábamos en Skagway nos encontrábamos con el joyero preguntando por el tripulante al que le había dado un diente de marfil. Aquello se había vuelto una situación de veras incómoda. Por fortuna, con el correr del tiempo, todo fue quedando en el olvido. Pero insisto con que no fue sencillo lidiar con aquel pobre joyero que venía una y otra vez a reclamar lo que le correspondía. Puedo asegurar que el Barón no hizo aquello de maldad, tan solo era un muchacho despreocupado por demás. Aunque por supuesto que me apena el mal momento que vivió el joyero.

En Alaska solíamos toparnos con un problema: los pescadores locales tenían por costumbre echar por la noche sus redes de una orilla a la otra con el fin de recogerlas por la mañana cargadas de peces. Y barcos como el nuestro, al pasar, destrozaban las redes. Los pescadores inevitablemente demandaban a la compañía naviera, y esta siempre les reponía el dinero de inmediato, pues contaba con el respaldo de una aseguradora de peso. Pero una noche sucedió lo inesperado: en vez de romper una red, el Pacific Princess arrolló un pequeño barco pesquero. No solo la embarcación quedó destrozada, sino que un pescador resultó herido y debió ser rescatado y atendido de inmediato. Fue una situación de veras lamentable que por suerte no tuvo consecuencias trágicas.

Otra costumbre que teníamos en Alaska cada vez que

bajábamos del barco, era recorrer las afueras de los pueblos en busca de champiñones. Había muchos, y eran de tamaños inimaginables. Lo primero que hacíamos al regresar era entregarle los champiñones al chef, y él nos preparaba platos deliciosos tanto para nosotros como para los pasajeros. ¡Jamás en mi vida disfruté de risottos con hongos más deliciosos que los del Pacific Princess! Algunos champiñones eran tan grandes que el chef una noche preparó un plato para casi cincuenta personas.

Otra delicia que nos permitía Alaska era saborear los mejores salmones. Tras conseguir los champiñones nos alejábamos un poco más hasta llegar a alguno de los tantos ríos de deshielo que serpenteaban por el lugar, y después nos dedicábamos con suma facilidad a recoger salmones. Decir que los pescábamos sería exagerar, pues los salmones eran tantos que bastaba con agacharse y levantarlos con las manos. Había infinidad de ellos empujándose los unos a los otros, uno podía con suma facilidad elegir cuál quería. Es imposible explicar lo deliciosos que eran, pues su sabor nada tenía que ver con los salmones que la gente suele comer, esos criados en cautiverio en aguas estancadas. Estos eran peces salvajes, libres, que crecen en el agua más pura posible.

Y así, inevitables e inexorables, corrían los días y las semanas, hasta que al fin el verano llegaba a su fin. Y no es necesario aclarar que apenas comenzaba el otoño era tiempo de abandonar la fría Alaska y emprender viaje al sur, realizar la escala final en Vancouver, y desembarcar a los pasajeros para regresar al cálido Caribe.

Son muchos los encantos de un crucero. Sin embargo, tal vez no haya encanto mayor que saber que lo que estos barcos nos proponen es una vida de ensueño sin fin. Una vida de atención esmerada, clima amable, paisajes de ensueño, y la promesa de un pasado de armonía, un presente de felicidad y un mañana —de ser esto posible— incluso mejor.

El magnífico periplo por la Alaska de glaciares, pinos, focas, y pueblos de fábula había concluido. El horizonte se llamaba mar Caribe.

Pero antes les relataré una historia tan entrañable como increíble, de esas que solo pueden ser posibles en el mundo de ensueño de los barcos.

Polizones a bordo

¿Cuántas historias hay en cada barco? Demasiadas, innumerables. Y también hay muchas otras que —algunas por recato, otras por discreción o por respeto a quienes participaron de ellas— no deben ser contadas, deben mantenerse por siempre guardadas en el arcón de la memoria.

Sin embargo... presumo que la historia que ahora relataré pueda ser contada. Sí, ¿por qué no? Ya han pasado muchos años y tal vez esté en condiciones hacerlo.

¿Qué título merece esta historia que estoy por relatar? Intuyo que "Polizones a bordo" sería un buen título.

La rutina del Pacific Princess era la siguiente: llegaba al puerto de San Pedro (en Los Ángeles), descargábamos los pasajeros, limpiaban el barco, cargaban los insumos y los víveres, y hacia el mediodía empezaban a embarcar los nuevos pasajeros. El proceso duraba unas cuatro horas porque los pasajeros que embarcaban eran unos seiscientos. Ese tiempo de embarque tenía una particularidad: se otorgaban pases para quienes querían subir y hacerle una visita breve al barco. Era mucha la gente que hacía eso. Eran personas que tal vez jamás habían subido a una embarcación, o que deseaban realizar un crucero, pero aún no se decidían a hacerlo, así que de este modo tenían la posibilidad de recorrer el Pacific Princess, ver la piscina, deslumbrarse con los miradores, conocer los restaurants, los salones…

Una tarde noté que entre toda la gente que realizaba este pequeño tour había dos chavas, una morena y otra rubia, ambas tremendamente guapas. No dudé en acercarme a ellas.

—Hola, qué tal —les dije con mi mejor aire de anfitrión del barco, y les ofrecí una visita guiada.

Para mi fortuna aceptaron. Media hora más tarde estábamos en mi camarote cuando me dicen:

—Quisiéramos hacerte una consulta, Fulvio.

—Díganme.

Se observaron con picardía entre ellas, y me dijeron:

—En una hora el barco zarpará de este puerto.

—Así es —dije sin saber qué querrían proponerme.

—Por lo tanto, nosotras deberíamos bajar del barco.

Asentí, y con un gesto las animé a seguir hablando.

—¿Qué posibilidad hay que podamos quedarnos aquí arriba del barco?

No pude evitar sonreír. Por lo visto aquellas muchachas no solo eran bellas, también eran aventureras y desprejuiciadas.

—¿Ustedes quieren viajar gratis?

Me respondieron con dos sonrisas tan resplandecientes como magnéticas.

—Miren —les dije—, está complicado. Hacer algo así no es nada sencillo. Y por varias razones. Una de ellas es que todos los pasajeros tienen su mesa asignada en el restaurant, así que no hay modo que no las descubran al momento del almuerzo y la cena.

—Por lo tanto, es imposible quedarnos —dijeron haciendo una mueca de tristeza. De pronto parecían dos niñitas a las que les habían quitado el dulce.

—Queda una sola opción —dije.

—¿Cuál? —preguntaron entusiasmadas.

—Yo las puedo hacer dormir gratis en mi camarote. Y ustedes deben comer aquí dentro, o en el buffet del deck, que ahí nadie pregunta nada.

Aceptaron de inmediato. Yo no podía tener a las dos en mi camarote, así que la morena quedó conmigo y la otra compartió camarote con un compañero. Hasta les conseguí dos tarjetas de identificación que habían quedado en desuso de otras pasajeras para que pudieran bajar y volver a subir en cada puerto.

No solo la pasamos muy bien arriba del barco —en mis ratos libres de trabajo por supuesto—, también prolongamos la diversión al llegar a Acapulco, donde fuimos a recorrer discotecas. Dios mío cómo bailaban esas chavas, qué manera de disfrutar y reírnos.

A la hora de regresar de Acapulco, grande fue mi sorpresa cuando me dijeron:

—Nos quedamos aquí, Fulvio.

Yo no podía comprender lo que escuchaba.

—¿Se quieren quedar?

Como respuesta recibí dos sonrisas del cielo.

—¿Y cómo van a hacer para quedarse en Acapulco sin pasaporte, sin dinero?

—Tranquilo, nosotros nos las arreglamos.

Y cuando la morena me guiñó un ojo lo comprendí todo:

esas chavas no precisaban ni pasaporte, ni dinero, ni nada de nada. Ellas no eran tan solo las dueñas de sus propios destinos, ellas eran las dueñas del mundo, y podían hacer lo que se les ocurra cuando se les ocurra.

Efectivamente se quedaron en Acapulco, y cuando el barco se alejó se acercaron al muelle a despedirme.

—¡Bye, Fulvio! —me gritaban felices, alzando las manos.

Yo también las saludaba, convencido de que ya no volvería a verlas. Pero esas chicas eran una caja de sorpresas: cuando el Pacific Princess regresó a Los Ángeles sucedió lo inesperado...

¿A qué me refiero?

¡A que las dos me estaban esperando en el muelle!

Yo no podía creer lo que veía.

Ahí estaban, recibiéndome sonrientes en Los Ángeles con los brazos en alto tal como apenas días atrás me habían despedido en Acapulco.

Apenas bajé del barco les pregunté cómo lo habían logrado, cómo habían podido cruzar la frontera sin papeles.

Volvieron a dedicarme una sonrisa irresistible, y me dijeron:

—Nosotras podemos hacer lo que queramos, Fulvio. Podemos atravesar cualquier frontera, a nosotras nadie nos pide papeles.

Estaban en lo cierto. Ellas eran chicas únicas, y eran libres de hacer lo que tuvieran ganas.

Jamás las olvidaré.

Y me alegra poder decir que, gracias a las redes sociales he podido contactarme con una de ellas, y solemos escribirnos, preguntarnos por nuestras vidas, y saludarnos para las fiestas de fin de año como lo que somos: viejos compañeros de aventuras que comparten un secreto.

Aquella jovencita viajera hoy es una bella mujer casada, tiene dos hijos… y en lo hondo de su mirada esconde el mismo fulgor de irresistible rebeldía que me cautivó cincuenta años atrás.

De seguro este capítulo transmite lo que el Pacific Princess significó en mi vida, y sin duda, en mi juventud. Ese barco lo tuvo todo, absolutamente todo. Y si algo le faltaba para agregarle aún más aura, fue que allí se filmen muchas escenas de una de las series de televisión más exitosas tanto de fines de los 70' como de los 80': *Love boat, el Crucero del amor.*

Estoy convencido de que los barcos nos son simples objetos que nos llevan y nos traen de un puerto a otro. Hay barcos que tienen alma. Hay barcos que están rodeados de un magnetismo especial, de un aura que embarga también a cada uno de sus pasajeros. Durante los años que navegué en el Pacific Princess yo fui testigo de esa aura, de esa fascinación, de esa energía que me convenció que ese barco tenía alma, tenía vida propia. Al punto que cuando recuerdo al Pacific Princess siento que no hablo de un barco sino de un viejo compañero, de un entrañable amigo con el que compartí infinidad de aventuras, amores y sonrisas.

Que estas páginas sean mi abrazo al Pacific Princess y a cada uno de sus afortunados pasajeros y tripulantes.

CAPÍTULO V

KUNGSHOLM

El Kungsholm era un barco sueco gemelo de otro llamado Gripsholm. Son varias las razones por la cuales fue uno de los barcos más significativos de mi vida naviera. Tal vez la principal sea que, al no tener una ruta fija, cambiaba permanentemente de recorrido, y eso me permitió conocer gran cantidad de países.

Fue el barco más exclusivo en el que yo hasta el momento había trabajado. Era más lujoso y ofrecía mejor servicio pues contaba con personal calificado, al punto que todos quienes nos desempeñábamos en las áreas vinculadas a la gastronomía éramos italianos. Y tenía varias particularidades que lo volvían más ameno para sus tripulantes: tenía un solo turno para las comidas —lo que nos otorgaba más tiempo libre—, y nuestros camarotes eran amplios y los compartíamos con un solo compañero, a diferencia de otros barcos cuyos camarotes son pequeños y compartidos entre cuatro.

En suma, se trataba de una embarcación más refinada que transportaba a pasajeros en condiciones de gastar buen dinero. Y mi experiencia en él fue tan positiva y valiosa que me resulta imposible no escribir las siguientes páginas con una sensación de pleno agradecimiento, pues el Kungsholm me abrió las puertas un mundo que, hasta allí, yo desconocía. Un mundo que, a partir de ahora, les describiré con detalles.

Crucero por Sudamérica

Jamás olvidaré aquel viaje —plagado de luces y sombras— alrededor de Sudamérica. Las luces están referidas a la belleza de las ciudades y países que tocamos, pero... ¿por qué hablo de sombras? Porque por esos años de finales de la década del 70', toda Sudamérica se encontraba gobernada bajo el azote de dictaduras militares, lo que le otorgó a nuestras bajadas a tierra firme un clima opresivo y por momentos incluso violento, al extremo que en una ocasión mi vida estuvo en serio peligro. Más adelante me extenderé en estas cuestiones.

La hoja de ruta indicaba que el Kungsholm partiría desde Nueva York repleto de norteamericanos en un viaje que se prolongaría por treinta y cinco días. Iríamos a Miami, cruzaríamos el Canal de Panamá, y seguiríamos hacia el sur tocando Costa Rica, Colombia, Ecuador, Perú y Chile, para después retomar hacia el norte por Argentina y Brasil, para así, regresar a Nueva York.

Pero antes de emprender viaje en alta mar me esperaba una noche para el recuerdo en tierra firme.

Antes de Sudamérica, una noche en Nueva York

Teníamos una noche libre antes de partir, y esa noche no era una ciudad cualquiera sino en nada menos que Nueva York. Y mi espíritu aventurero no tenía ninguna intención de permanecer encerrado en el barco mientras la ciudad que nunca duerme se hallaba al alcance de mi mano.

—Debiéramos salir esta noche a dar una vuelta por la ciudad —le propuse a un compañero.

—Claro que sí, Fulvio. ¿Tienes algún plan?

Por supuesto que lo tenía. Por esos años la discoteca de moda era Studio 54. Su nombre estaba originado en su ubicación en la Calle 54 de Manhattan, y en los años 70' era el alma de la movida neoyorquina. Todas las celebridades de la música, el cine, la moda y las artes adoraban pasar las noches allí: Paul McCartney, Truman Capote, Liza Minelli, Yves Saint Laurent, Andy Warhol, Al Pacino, Debbie Harry, Calvin Klein, Brooke Shields, Valentino, Frank Sinatra, Salvador Dalí, John Travolta…

Todo lo que rodeaba a Studio 54 era un frenesí de bellas mujeres, dinero, lujo y desenfreno. Y no es necesario aclarar que yo deseaba, yo necesitaba conocer esa discoteca.

—Por supuesto que tengo un plan —le dije a mi compañero.

—Dímelo.

—Vístete con tu mejor ropa y ponte tu mejor reloj. Iremos a Studio 54.

—¿Te refieres a la discoteca?

—Por supuesto.

—¿Y cómo haremos para entrar? Que yo sepa yo no soy Warren Beatty y tú no eres Donna Summer.

Apenas terminamos de reírnos de aquella ocurrencia, dije:

—No sé cómo haremos para entrar, pero lo intentaremos. ¡Ponte ya mismo un buen traje!

Studio 54 era famosa por infinidad de cuestiones, y una de ellas era la dificultad para poder acceder a ella. En su puerta se formaban inmensas filas de personas deseando ingresar, y muchas veces no alcanzaba ni con ser una celebridad para ser admitido. Era bien sabido que incluso estrellas como Woody Allen y Cher en algún momento habían sido rechazados.

Al llegar nos encontramos con el usual espectáculo: una cola inmensa de personas rogando ser admitidas, un largo tapete rojo, cordones, personal de seguridad que dejaba pasar a uno de cada diez.

Y entonces yo, que estaba orgulloso de moverme como pez en el agua en tantas discotecas de Acapulco, le dije a mi amigo:

—No me gusta estar aquí afuera esperando.

—¿Y qué harás?

—Le daré cien dólares al güey de la entrada para que nos deje pasar.

No es necesario aclarar que, en ese tiempo, cien dólares eran mucho más de lo que son ahora.

Me acerqué y se los ofrecí al hombre de la entrada con discreción. Grande fue mi sorpresa cuando el desgraciado no los aceptó y no nos dejó entrar.

Intentaba controlar mi fastidio cuando se me acercó una chava que me dice que muy cerca hay una disco llamada Hippopotamus, más pequeña pero igual de buena.

—¿Dónde queda? —murmuré mientras le decía adiós a mi sueño de conocer Studio 54.

—Aquí a la vuelta.

Nos acercamos y pudimos entrar con facilidad. Era una discoteca minúscula, pero de veras bonita. Aunque hubo algo que de inmediato llamó mi atención: había demasiadas mujeres para pocos hombres.

—Esto me huele mal —le dije a mi compañero—. Ven, tomemos algo para ver cómo está el ambiente.

Nos sirvieron dos copas, y al instante se acercaron dos

chavas.

—Hola, ¿qué tal? —nos dijeron—. ¿Nos invitan unas copas?

Las invitamos y comenzamos a conversar. Pero de pronto me sentí algo mareado. Raro, porque solo había tomado un par de tragos.

—Me siento mal —le dije a mi amigo—. Me da vueltas la cabeza.

—A mí me sucede lo mismo.

—Vámonos ya mismo de acá.

—¿Por qué?

—Porque nos drogaron, y nos van a robar todo lo que traemos.

Para colmo, como nos habíamos preparado para ir a Studio 54, los dos no solo vestíamos nuestros mejores trajes y buenos relojes, sino que también teníamos las carteras repletas de dinero. Así que pagamos y salimos de inmediato.

—¿Y ahora qué hacemos? —me preguntó mi amigo.

Bien hubiésemos prolongar la noche en otro sitio, pero ambos nos sentíamos somnolientos, aquello que nos habían metido en los tragos seguía aletargándonos la mente.

—No nos queda más opción que regresar al barco —respondí con voz de derrota.

Rondando las once de la noche bajamos al subway, y pocos minutos más tarde ya estábamos sentados en un vagón rumbo al puerto. Pero había algo con lo que no contábamos: aquello que les habían metido a los tragos seguía haciendo efecto, y pronto nos quedamos profundamente dormidos.

Quién sabe cuánto tiempo más tarde sentí una molestia en las costillas. Al entreabrir los ojos creí distinguir delante nuestro a un policía.

—¡Hey! ¡Tienen que bajar!

Miramos confundidos hacia todos lados, ni siquiera sabíamos dónde estábamos. El policía insistió:

—¡Este tren ya no corre más!

Alcancé a murmurar:

—¿Qué hora es? ¿Dónde estamos?

—Son las cinco de la mañana. Están en la estación de Coney Island. ¿Cuánto llevan en este tren?

Nos pusimos de pie. Un cartel al borde del andén indicaba que estábamos en Coney Island, a unas veinte millas de Manhattan. Le explicamos al policía que éramos tripulantes de un barco, que habíamos salido a tomar unas copas y nos quedamos dormidos en el viaje de regreso al puerto.

—Tuvieron suerte —nos dijo el policía.

—¿A qué se refiere?

—Ustedes no saben la gente que sube a este tren a estas horas. Aquí a cada rato hay robados y apuñalados. Es un milagro que estén sanos y salvos.

Salimos de la estación, subimos al primer taxi que encontramos y regresamos pronto al barco.

Ya subidos al Kungsholm, un compañero nos preguntó:

—¿Hasta tan tarde estuvieron en Studio 54? ¡La habrán pasado muy bien!

Hubiese querido decirle que estaba en lo cierto, que habíamos disfrutado una larga noche digna de aquella discoteca de ensueño. Pero opté por ser sincero:

—No, no. Tan solo pasamos casi toda la noche durmiendo en el vagón de un tren.

Comienzo del viaje por Sudamérica

La noche fallida en Manhattan ya era parte del pasado. El

Kungsholm partió de Nueva York y, tras subir a más pasajeros en Miami, dejamos el Caribe atrás para cruzar el Canal de Panamá que nos llevó a aguas del Pacífico. Bajamos hasta alcanzar Sudamérica y, una vez que paramos en los puertos de Guayaquil y Lima, seguimos bordeando la costa del Pacífico hasta llegar a Valparaíso, una ciudad portuaria de Chile que se destaca por sus casas coloridas ubicadas en lo alto de las montañas y por unos empinadísimos funiculares que unen los picos de esas montañas con el mar.

Aproveché la tarde libre para visitar el casino de Viña del Mar, ubicado a diez kilómetros de Valparaíso. Cambié unos cincuenta dólares, comencé a apostar y… sucedió lo inesperado. ¡Gané buen dinero! Ya que la suerte estaba de mí lado pensaba seguir jugando, pero en ese preciso instante entró la policía:

—¡A partir de esta hora rige el toque de queda! —gritaron de mala manera—. ¡El casino cierra sus puertas, todos deben regresar a sus hogares y hoteles!

Fui a cambiar mis fichas por dinero y me encontré ante la mala noticia de que el casino me pagó con pesos chilenos.

—¿No podría pagarme en dólares? —pregunté.

—Imposible.

—Es que soy extranjero, y mi barco parte en pocas horas.

No le prestaron atención a mi reclamo, y me entregaron quinientos dólares en varios fajos de dinero chileno, que para mí eran como estampitas del Monopoly. Me pregunté qué hacer con todo ese dinero fuera de Chile. Y para peor el toque de queda había comenzado y todo estaba cerrado.

Salí del casino junto a otros dos compañeros, subimos a un taxi y le conté mi problema al chofer, que me comprendió de inmediato.

—Yo conozco un lugar en el que podrá hacer buen uso de ese dinero —me dijo guiñándome un ojo.

Dudé un instante. ¿Qué hacer? ¿Apelar al sentido común y regresar al barco? ¿O aceptar la tentadora propuesta del taxista?

Opté por la segunda opción.

—Estoy en sus manos —dije, y le entregué varios billetes del fajo.

Recorrimos una ciudad desierta, y a los pocos minutos el taxi estacionó ante un hotel que por fuera parecía aún más desierto que la ciudad.

—Entren al hotel —nos animó el chofer, que parecía más que satisfecho con el dinero recibido—. Yo los estaré esperando aquí fuera.

Una vez dentro del hotel un empleado de la recepción nos condujo a un salón, y de pronto la calma se volvió bullicio. Aquel sitio era un fiestón repleto de cientos de personas bebiendo, bailando y riendo, docenas de prostitutas, una orquesta tocando…

Nos sentamos en una mesa libre. Cuando se acercó la mesera le entregué un buen número de billetes, y le dije:

—Queremos comer y beber lo mejor que tenga para ofrecernos.

Pasamos unas tres horas en aquel hotel. Tres horas en las que cominos, bebimos y disfrutamos a más no poder.

Los billetes que me habían dado en el casino no me iban a servir fuera de Chile, entonces ¿para qué conservarlos? ¿Por qué no utilizarlos para disfrutar y hacer disfrutar a quienes me rodeaban?

Al abandonar el hotel nos esperaba el taxi.

—¿La han pasado bien? —preguntó el chofer.

—Muy bien —respondí, y le entregué los últimos billetes que me quedaban.

Poco después regresábamos al Kungsholm, que nos aguardaba paciente a la orilla del puerto.

En mi camarote me quedé un tiempo reflexionando en torno a las particularidades de aquellos regímenes militares, capaces de obligar a la gran mayoría de la población a permanecer encerrados en sus casas —y sometidos quién sabe a cuántas arbitrariedades y vejámenes— mientras los privilegiados gozaban de enormes fiestas repletas de prostitutas.

El barco prosiguió su marcha rumbo al Estrecho de Magallanes. Aquel estrecho, ubicado en el extremo sur de Sudamérica —por debajo solo se encuentra la Antártida—, fue el sitio en el que más frío tuve en toda mi vida. Una tarde salí al deck muy bien abrigado con mi cámara fotográfica y recuerdo que no pude sacar siquiera una foto: apenas me liberé de los guantes los dedos de la mano se me helaron. Ni siquiera en Alaska padecí tanto frío. Me pregunté dónde se esconderían los animales de esas tierras, su hibernación debía durar largos meses.

A los pocos minutos me topé con un espectáculo magnífico: el barco pasó junto a un gigantesco glaciar —conformado por hielo color azul transparente— que en su interior albergaba un pequeño bosque de pinos de copas verdes.

Aquella era una imagen inolvidable, entre fantástica y surrealista.

Un guía turístico nos explicó que esa zona se llamaba Tierra del Fuego. A todos nos sorprendió ese nombre, a fin de cuentas, el nombre adecuado debió ser Tierra del Hielo.

—Se denomina Tierra del Fuego —nos explicó el guía—

porque las tribus del lugar, al ocultarse el sol, encienden grandes fogatas para protegerse del frío y para alejar a los lobos.

No mentía el hombre. Poco después distinguimos relámpagos anaranjados salpicando el horizonte. Los indígenas comenzaban su cotidiana batalla contra las inclemencias del clima.

Chile había quedado atrás, Argentina despuntaba en el horizonte.

Argentina

En el sur de Argentina comenzamos la curva ascendente de nuestro viaje. Tras dejar atrás Ushuaia —la ciudad más austral del planeta— bordeamos la costa Atlántica de Sudamérica y subimos por la costa de la Patagonia hasta desembarcar en Buenos Aires. Me llamó la atención aquella ciudad. Su arquitectura de fuerte influencia italiana, francesa y española no la asemejaba en nada a las demás ciudades de Latinoamérica. Tal vez haya algo de cierto en aquello que solía decir Octavio Paz, que los argentinos provienen de los barcos.

Recuerdo bien una calle llamada Florida: más de diez cuadras peatonales repletas de todo tipo de tiendas. Entre todas ellas se destacaban los grandes almacenes de Harrods, un gran edificio de varios pisos de altura de un lujo aún superior al de las Galerías Lafayette de París. Harrods tenía a su casa central en Londres, y su única sucursal era la de Buenos Aires.

De las tantísimas tiendas de la calle Florida yo les prestaba especial atención a las que se dedicaban a la venta de ropa de pieles y de gamuza., pues no solo la calidad era eximia, sino que el cambio nos favorecía y podía comprarlas muy baratas. ¿Y qué hacía yo con esas prendas? Las revendía en nuestra siguiente escala, Brasil, obteniendo una diferencia económica abismal.

Pero mi experiencia en Buenos Aires no fue todo lo grata que hubiera deseado. Como antes mencioné, por ese tiempo casi toda Latinoamérica estaba gobernada por regímenes militares, y ninguno de esos regímenes resultó más brutal que el argentino. Y yo tuve la desgracia de comprobarlo en carne propia una noche en la que salí junto a un par de compañeros en busca de algún bar que estuviera abierto hasta tarde. A poco de andar se detuvo delante nuestro una camioneta militar, bajaron cinco soldados y, de un segundo al otro y sin mediar advertencia alguna, nos empujaron contra la pared y nos pusieron una metralleta en el pecho.

—¿Quiénes son ustedes? —nos gritaron.

Alcancé a responder con un hilo de voz:

—Somos tripulantes del barco Kungsholm.

—¿Ustedes saben que está prohibido circular de noche?

Por supuesto que lo sabíamos, pero nos hicimos los tontos.

—No. En el barco nada nos informaron.

—Documentos —dijo uno de los soldados.

—¿Cómo? —alcanzó a decir uno de mis compañeros, que por lo visto no había comprendido al soldado.

—¡Que nos muestren sus documentos, carajo!

Se los entregamos de inmediato. Y también les mostramos nuestros pases de a bordo, que indican que éramos tripulantes de la nave Kunghsholm que estaba atracada en el puerto de la ciudad de Buenos Aires.

Tras revisarlos con detenimiento nos devolvieron la documentación.

—Presten mucha atención a lo que voy a decirles —dijo uno de ellos, que aparentaba ser el jefe—: Si quieren permanecer con vida regresen ya mismo al barco. Y no vuelvan a poner nunca más un pie en tierra pasadas las diez de la noche.

Les hicimos caso. En cuestión de minutos estábamos subiendo de regreso al barco, y no volvimos a bajar nunca más.

Jamás olvidaré el desamparo y la impotencia que se siente al tener el caño de una ametralladora hundida en el pecho. La terrorífica sensación de saber que la vida de uno no solo no vale nada, sino que está a meced de un lunático.

La larga noche cargada de dictaduras azotaría a Sudamérica por varios años más. Recién bien entrados los años ochenta aquellos regímenes caerían por el peso de su corrupta brutalidad para darle lugar a repúblicas democráticas.

Por fortuna el siguiente destino sería más amable, cálido y luminoso.

Brasil

Tras un breve paso por Montevideo llegamos a Brasil, donde tocamos los puertos de Puerto Alegre, Río de Janeiro, Bahía, Recife y Fortaleza. A toda esa etapa del recorrido la embargó un aire de estudiantina. Para comprender lo que quiero decir alcanza con imaginarse a un barco con cientos de tripulantes, muchos de ellos italianos de entre dieciocho y veinticinco años, y llegando nada menos que a un país que en el imaginario colectivo del mundo es un crisol de fútbol, palmeras, chicas y playas. ¿Qué podía esperarse?

En Río de Janeiro el Kungsholm hacía overnight, nos quedábamos un par de noches atracados en el puerto. Y, como antes mencioné, al tener ese barco un solo turno para las comidas, quienes trabajábamos en el restaurant teníamos más tiempo libre, por lo tanto, salíamos mucho. A fin de cuentas,

¿quién quiere quedarse encerrado en el barco teniendo lo mejor de Brasil al alcance de la mano?

Una noche, tras pasarme la tarde recorriendo las playas de Copacabana y Leblón, fui con algunos compañeros a una discoteca de Ipanema llamada New York, New York. Me senté en la barra, pedí una copa y comencé a hablar con un norteamericano agradable. En algún momento el hombre se sintió cómodo y me dijo:

—Yo soy el dueño de este sitio.

Intenté disimular mi sorpresa, y le pregunté:

—¿Por qué llamó a la discoteca New York, New York?

Su respuesta me dejó con la boca abierta.

—Porque tengo otra disco en New York que se llama Ipanema.

Así que tiempo más tarde, cuando viajé a Nueva York fui a esa disco, y hablé con uno de su barman que me confirmó que lo que el hombre me había dicho era cierto.

Las playas de Río me impresionaron. Poco y nada tenían que ver con las de Europa. En el viejo continente la playa es un sitio calmo, en el que la gente se dora al sol mientras come, descansa, o lee. En Río sucedía exactamente lo contrario: todos se encontraban activos jugando al fútbol, al vóley, practicando surf, o andando en bicicleta. El brasileño, tiene otra idiosincrasia, otro vínculo con la playa y el sol.

Otra cosa que llamó mi atención fueron los cuerpos; o mejor dicho, los cuerpazos.

—Esto es el paraíso, Fulvio —me dijo un compañero, embobado ante semejante cantidad de cuerpos torneados, bronceados, estallados de calor, mar y arena.

Sin dudas que no se equivocaba. Para nuestros ojos

hambrientos de deseo todo aquello era de veras el paraíso sobre la Tierra.

Un domingo por la tarde conseguimos entradas para ver la final del campeonato brasileño de fútbol entre dos clásicos rivales cariocas: el Vasco da Gama y el Flamengo. Y en el mejor escenario posible: nada menos que el Maracaná, el estadio más grande de mundo, un inmenso coliseo capaz de albergar a nada menos que doscientas mil almas.

Cuando llegamos el estadio rebalsaba de espectadores, y nosotros estábamos ubicados arriba de todo. A poco de comenzar el partido alguien tiró una bengala, y el viento no permitía que el humo se disipara, así que durante buena parte de primer tiempo nos costó ver el partido con nitidez, pero poco importó, porque el espectáculo no estaba necesariamente dentro de campo de juego. ¿A qué me refiero? A que detrás nuestro había una treintena de músicos acompañados por otra treintena de chavas todas vestidas con un minúsculo top y sin brassier. Yo estaba más pendiente de las chicas que del partido. Y lo más llamativo era que, lo que para mí era una locura, para los brasileños era normal. Por lo visto ellos no solo tienen otro vínculo con sus playas, sino que también tienen otro vínculo con su piel y con sus cuerpos.

Para el segundo tiempo el humo ya se había disipado, lo que nos permitió estar algo más atentos al partido. Pero, más allá de las chicas, el show seguía estando más en las tribunas que en el césped. Jamás vi tanto fanatismo, esa gente era capaz de no comer con tal de alentar a sus equipos.

Los aficionados del Flamengo ubicados tras el portero del Vasco no hacían otra cosa más que tocar música a altísimo volumen con el único fin de desconcentrarlo. Aunque no se pudieron salir con la suya, porque al partido lo ganó el Vasco por uno a cero, y al salir del estadio noté que la locura no cesaba: las calles eran un frenesí de gente festejando, bengalas, banderas y policía por todas partes.

Brasil, a mi pesar, comenzaba a ser parte de nuestro pasado. Por delante nos quedaba la histórica Cartagena de Indias en Colombia, y más tarde el Caribe, para así regresar a nuestro destino inicial y a su vez final: la ciudad de Nueva York.

Suele suceder que, cuando se viaja mucho, llega un punto en el que las ciudades, los puertos, las geografías y destinos se entremezclan los unos con los otros. Esto no me sucede al recordar aquel viaje por Sudamérica. Su triste particularidad política unida a lo magnífico de sus paisajes lo han vuelto una experiencia que ocupa un sitial de privilegio de mi memoria.

Norte de Europa

El Kungsholm jamás me dio tiempo a aburrirme, pues cambiaba seguido de destino. Es más, como entre sus pasajeros solía haber un buen número de clientes fieles que a su vez eran millonarios, en más de una ocasión eran ellos mismos quienes, tras largas deliberaciones, proponían el siguiente destino, y este solía ser aceptado por la compañía naviera.

Es más, los clientes de este barco cuando se sentían cómodos con algunos de los tripulantes solicitaban ser atendidos por ellos. Y esto a veces acarreaba situaciones insólitas como la siguiente: una vez una asidua pasajera del barco, viuda de un millonario —ya les hablaré de ella más adelante—, le preguntó a las autoridades del barco si yo estaría presente en el próximo crucero.

—No, señora —le dijeron—. El señor Fulvio de Col está de vacaciones.

—Entonces no me sumaré al crucero —respondió ella.

Como la compañía naviera no tenía ningún interés en perder a una clienta como ella, se comunicaron conmigo para explicarme en detalle la situación y...

—En fin... oye, Fulvio: ¿no quieres regresar?

—Imposible —respondí—. Recién hace diez días que comencé mis vacaciones.

—Si regresas te pagaremos un bono.

—¿De cuánto dinero estamos hablando?

Creo que basta con que diga que regresé al trabajo de inmediato. Les puedo asegurar que la oferta que me hicieron de verdad lo ameritaba. La viuda contaría con la atención de su mesero favorito y yo, pese a tener que suspender mis vacaciones, gané un bienvenido dinero.

Tras dejar Sudamérica atrás, nuestro próximo crucero tendría por nombre North Cape Cruise, duraría cuarenta y cinco días, y recorrería el norte de Europa.

El itinerario era fascinante. Volveríamos a partir desde Nueva York, y nuestro primer puerto sería Reykjavik, la capital de Islandia. Luego, tras terminar de navegar el Atlántico, llegaríamos al norte de Noruega, descenderíamos hacia Oslo, y de ahí continuaríamos viaje hacia Estocolmo (Suecia) y Helsinki (Finlandia). Los siguientes puertos serían Leningrado (actual San Petersburgo, en la desaparecida Unión Soviética), Copenhague (Dinamarca), Hamburgo y Bremerhaven (Alemania), Les Havres (Francia), y Southhampton (Inglaterra). Después bajaríamos por el Atlántico hasta llegar a la última escala antes del regreso a Nueva York: la isla de Madeira (Portugal).

Mar del Norte

El océano Atlántico, Noruega y Suecia habían quedado atrás.

Nos adentrábamos en lo hondo del Mar Báltico, y ya estábamos por alcanzar las costas de Finlandia cuando el barco sufrió un problema en una parte del motor y debimos quedarnos en Helsinki durante dos días a la espera de que lo arreglarán.

Yo ocupé aquel tiempo libre yéndome a Lahti, una ciudad situada a orillas del lago Vesijarvi. ¿Por qué? Porque en un precioso hotel situado en medio de un bosque de encanto, había acordado pasar una noche con una chava finlandesa. Imposible olvidar no solo al hotel sino a la naturaleza pura que lo circundaba. Bastaba con abrir una ventana para que el verde que irradiaba la vegetación del bosque inundara cada rincón de la habitación. Se veían pinos, renos y lagos delante de un horizonte de montes de picos nevados. Todo parecía salido de las páginas de un viejo libro de fábulas. Pensar que apenas semanas atrás yo había estado en Brasil rodeado de palmeras y playas…

Me emociono de solo recordar estas experiencias, es como si las sensaciones que me embargaron en ese momento volvieran a arder en mi piel. Será cierto aquello que dicen que recordar es volver a vivir. Y a ese dicho le agregaré algo: Quien escribe recuerda dos veces.

Una vez que en el puerto de Helsinki repararon el motor, seguimos camino rumbo a Hamburgo, cuyo puerto tenía la particularidad de estar ubicado bien dentro de la ciudad.

Cuando me liberé de mis responsabilidades laborales, bajé del barco para recorrer la ciudad. No lejos del puerto se hallaba la Zona Roja. Son varias las cosas que me sorprendieron de esa área, pero ninguna como ver a las prostitutas ofreciéndose en las vitrinas.

—¿Cómo puede ser esto posible? —recuerdo haberle preguntado a un compañero.

Infinidad de mujeres, semidesnudas o desnudas, todas exhibiéndose como vestidos en una tienda. Jamás había visto algo así.

Leningrado

Pero aquel viaje seguiría deparándome más emociones. Y la mayor de todas sería nuestra visita a San Petersburgo —que en ese tiempo se llamaba Leningrado, en homenaje al líder ruso.

Aquel no era un puerto más de nuestro recorrido. La Unión Soviética era el imperio comunista que se disputaba al mundo palmo a palmo con los Estados Unidos. Llegar a la mítica e histórica Leningrado significaba atravesar la cortina de hierro, era ingresar a otro planeta con reglas y códigos muy diferentes a los que estábamos acostumbrados.

Leningrado me impresionó desde el primer segundo. Cuando el Kungsholm ya avizoraba la costa emergieron a cada lado del barco dos submarinos que nos escoltaron hasta que nos adentramos al puerto. Todos los pasajeros se asomaron a las barandas del barco para fotografiar esa situación entre espectacular e insólita.

Cada vez que un barco arriba a un país se repite la usual rutina: suben al barco las autoridades locales y se dirigen a la oficina del oficial para recibir el reporte de cuántos pasajeros se transportan, de qué nacionalidad son, cuánto tiempo permanecerá el barco en el puerto... Y las autoridades portuarias, tras revisar la documentación, dan el visto bueno para que los pasajeros puedan bajar a tierra.

En el puerto de Leningrado el procedimiento se desarrolló por los carriles previsibles. Lo llamativo fue cuando nos advirtieron que, en caso de querer comprar algo en la ciudad, estábamos obligados a pasar por una oficina gubernamental ubicada en el puerto, donde nos cambiarían nuestros dólares por rublos. Por lo tanto, al abandonar el barco, todos nos vimos obligados a hacer eso. También nos alertaron que estaba terminantemente prohibido comprar artesanías o cualquier cosa que pueda ser entendida como arte ruso, pues al regresar al puerto no solo nos confiscarían todo sino que también nos sancionarían o incluso encarcelarían.

—Es ilegal hacerlo —advirtieron las autoridades portuarias rusas con caras de pocos amigos—. Sepan que en caso de transgredir estas reglas pagarán muy caro las consecuencias.

Yo bajé del barco con un compañero de las Islas Canarias, que me tomó de un brazo y me susurró al oído:

—Ven conmigo, Fulvio, que aquí vamos a hacer un billete.

—Solo te pido que no nos metamos en problemas —le dije, preocupado por las advertencias que habíamos recibido apenas minutos atrás.

—Tú solo sígueme.

Mi compañero, que por lo visto ya había estado en Leningrado, me llevó a través de unas callejas hasta una pequeña tienda de antigüedades. Allí él compró unos íconos de plata del tamaño de una pulsera, que al abrirlos muestran en su interior unas pequeñas figuras de santos rusos.

—Hazme caso y compra un buen número de estos —me dijo—. Al llegar a Londres los venderemos en muy buen precio.

Yo no sabía qué hacer. No quería meterme en problemas, pero a su vez la tentación era grande.

—Al regresar al barco nos revisarán de pies a cabeza —le dije—. ¿Qué piensas que sucederá si nos encuentran con estas joyas?

—Si las escondes dentro de tus medias o en la entrepierna no sucederá nada.

Le hice caso y compré dos de ellas.

—Y también compra alguno de estos, Fulvio. Son viejos rublos rusos de la época de los zares. En los anticuarios de Londres los venderemos como pan caliente.

Le hice caso y compré unas veinte monedas.

—Y recuerda —me dijo—: los rublos los juntas y los pones en la entrepierna, que ahí nadie te va a tocar. Y los íconos en los calcetines.

Qué nervios que pasé al momento del control. Mientras el funcionario de la aduana me palpaba los brazos y las piernas yo no podía hacer otra cosa más que imaginarme al Kungsholm partiendo y yo encerrado tras los barrotes de una cárcel de la Unión Soviética.

A Dios gracias nada de eso sucedió, pudimos sortear los controles sin mayores inconvenientes y subir al barco. Aunque debo confesar que fue un momento de nervios.

Mientras el barco se alejaba de Leningrado y ponía rumbo a Southhampton, me hice una pregunta:

—¿Estaría mi compañero en lo cierto? ¿Lograríamos vender aquella mercadería en Londres? ¿Había tenido sentido correr aquel riesgo?

Muy pronto lo sabríamos.

Londres

Días después, cuando llegamos a Londres, mi compañero me llevó a una calle repleta de anticuarios y joyerías. En la primera de ellas nos ofrecieron mil libras por cada ícono de plata. Ese importe ya era una buena diferencia en relación a cuánto los habíamos comprado en Leningrado, así que estaba a punto de entregarlos, cuando mi compañero me detuvo.

—Si aquí nos ofrecen mil, al lado nos darán el doble.

Apenas el joyero notó que nos retirábamos, elevó su oferta, pero nosotros proseguimos nuestra marcha.

En una tienda de antigüedades cercana nos ofrecieron mil quinientos libras, pero mi compañero sabía que podía recibir más que eso, así que seguimos buscando.

Y no se equivocó. En la tercera tienda nos ofrecieron nada menos que...

—Three thousand pounds.

—¿Tres mil libras? —le susurré a mi compañero, sin poder creer lo que creía haber escuchado en boca del anticuario.

—Sí, Fulvio. Tres mil libras.

Por supuesto que vendimos de inmediato aquellos íconos que habíamos comprado por migajas. Y eso no fue todo: por cada viejo rublo que habíamos comprado por el equivalente a cincuenta centavos de dólar, nos pagaron quince dólares.

De inmediato me reclamé no haber adquirido en Leningrado más íconos y rublos. Aunque así las cosas estaban más que bien, no debía olvidarme que subir esos productos al barco había sido un riesgo, y la suerte no debe ser tentada por demás. Lo que es innegable es que mi compañero de las Islas Canarias no se había equivocado ni siquiera un ápice la vez que me tomó de un brazo y me susurró al oído:

—Ven, Fulvio, que aquí vamos a hacer un billete.

África y Medio Oriente

Tras los cruceros por Sudamérica y norte de Europa llegó el turno de realizar un crucero nada menos que por África y Medio Oriente.

Para un italiano como yo, Europa, de un modo u otro y más allá de sus enormes diferencias, es el hogar; América es el continente joven y vital; y la inmensa Asia es el otro lado del mundo. Sin embargo, la descripción de África y Medio Oriente es más compleja. Un velo de misterio cubre a esas regiones tan ricas y pobres, a veces incluso en partes iguales. África y Medio Oriente son dos inmensos acertijos cargados claroscuros, mitos y leyendas.

Muy pronto el Vagabundo de los Siete Mares tendría la posibilidad de descifrar todos esos misterios.

El itinerario indicaba que partiríamos de Nueva York en un viaje de setenta y cinco días. Y lo que vendría a continuación sería fascinante: primero tocaríamos los puertos de Saint Thomas, Martinica y Barbados. Tras dejar el Caribe atrás nos adentraríamos en el Atlántico hasta llegar a Dakar (Senegal), Abyán (Costa de Marfil), isla de Santa Elena (famosa por haber servido de prisión a Napoleón tras su derrota en Waterloo hasta su muerte en 1821), Ciudad del Cabo y Durban (Sudáfrica), Zanzíbar (Tanzania). Dejaríamos África para adentrarnos en Medio Oriente por Yemen del Sur. Más tarde atravesaríamos el Canal de Suez para desembocar en Alejandría (Egipto). Ya instalados en el Mediterráneo tocaríamos Sicilia, Nápoles, Livorno y Portofino (Italia), Cannes (Francia), Málaga y Gibraltar (España), Lisboa e Isla de Madeira (Portugal). Para regresar a Nueva York.

Basta con marcar el recorrido del Kungsholm trazando una línea en cualquier mapa para ser conscientes de la fascinante aventura que me aguardaba. Pero había algo que yo aún no sabía: el resultado final superaría con creces mis expectativas.

Senegal, Sudáfrica y Kenia

Tras cruzar el Atlántico el horizonte finalmente nos permitió distinguir la costa africana: Dakar se hallaba al alcance de nuestras manos. Dakar es la capital de Senegal, y su estratégica ubicación en el extremo oeste de África le permite ser dueña del puerto más importante de toda la región.

Algunos pasajeros bajaron del barco y emprendieron un gran tour que atravesaba el continente por tierra de este a oeste. En tanto el Kungsholm prosiguió su marcha al sur, los pasajeros serían recogidos en Kenia, tras darle toda la vuelta a África varios días más tarde.

Pocos destinos me impactaron tanto con Sudáfrica. Allí aún regía el apartheid, lo que hacía que la vida fuese tristemente surrealista.

Intentaré explicar al apartheid en pocas palabras: Fue un método de segregación racial establecido en Sudáfrica hasta el año 1992. Todo giraba en torno a crear ámbitos diferentes para el desarrollo de la vida cotidiana. O sea, los negros no podían ni debían convivir con los blancos, por lo tanto, a cada raza se le habían asignado distintos sitios de trabajo, estudio y esparcimiento. De más está decir que los mejores espacios estaban siempre reservados para los blancos, y que los negros tenían prohibido trabajar en la administración pública, no podían votar, y la mayor parte de sus derechos estaban brutalmente mancillados. Lo más patético es que la gran mayoría de la población sudafricana era negra.

Al llegar a Ciudad del Cabo bajé del barco junto a dos compañeros del barco y rentamos unas motos para recorrer la ciudad. Pronto descubrí una urbe rodeada de una naturaleza deslumbrante, con llamativos teleféricos que conectan la ciudad con la cima de las montañas cubiertas de vegetación verde esmeralda. Nos alejamos de la zona bulliciosa en busca de una playa. A poco de llegar nos encontramos con un cartel que decía:

PLAYA PARA NEGROS

—¿Deberíamos irnos? —me dijo un compañero.

—¿Por qué? —respondí.

Y aparcamos las motos y bajamos a la playa.

Efectivamente, no había un solo blanco. Y enseguida notamos que la playa era de veras fea, descuidada, con piedras más que arena.

Al rato llegó una patrulla de la policía.

—Ustedes no pueden estar aquí.

—¿Por qué? — volví a preguntar.

—¿No han visto el cartel? Esta es playa para negros. Deben retirarse ya mismo.

Les explicamos que éramos extranjeros, tripulantes de un barco sueco que recién había atracado en el puerto, y que no estábamos al tanto de las reglas del lugar. Fue como un deja vu de la vez que debí explicarle a aquellos soldados de Buenos Aires que no sabíamos que estaba prohibido transitar de noche.

Las caras y gestos de los policías lo decían todo, así que les hicimos caso y de inmediato nos alejamos de ahí. Lo más triste fue cuando un rato después comprobamos que las playas para blancos eran bellísimas, con arena en vez de piedras, y repletas de buenos bares, restaurants y servicios de todo tipo.

Pero nuestros problemas no terminarían ahí. Es más, pronto sufriríamos un momento muy desagradable. Supongo que tras la experiencia en la playa debimos regresar al barco y no salir de ahí. Pero al caer la noche, y al terminar mis tareas en el barco (que se habían reducido al mínimo debido a los pasajeros que se habían ido a realizar el tour que atravesaba África) decidí regresar a la ciudad. Tras caminar varias cuadras encontramos un bar repleto de muchachas. Supuse que sería un buen sitio para tomar un trago y pasar un buen rato.

Nada de eso fue posible. A los pocos minutos de entrar al bar llegó la policía. Y esta vez, a diferencia de lo sucedido en la playa, no me hicieron ninguna advertencia, sino que me arrestaron de inmediato.

—¡Por favor! —reclamé en alta voz mientras la policía me sacaba a empujones del bar—. ¡No hice nada malo!

Una vez en la comisaría volví a explicarles que era italiano, tripulante del barco Kungsholm.

—Usted ha violado una ley.

—¿Qué ley?

—Ingresó a un bar de gente negra.

Debí explicarles que no estaba al tanto de aquella ley, y que no conocía las costumbres del lugar. Tras mostrar mi documentación que me acreditaba como extranjero y trabajador del barco, me dejaron ir tras una dura advertencia.

No es necesario aclarar que esta vez regresé al Kungsholm y no volví a poner un pie fuera de él.

Ciudad del Cabo, con sus bellezas naturales manchadas por tanta estupidez humana, quedaba en el pasado.

Al dejar Sudáfrica atrás el barco puso proa al norte. A los pocos días llegamos a Kenia, donde regresaron los pasajeros que habían hecho el tour atravesando África por tierra de este a oeste.

Ese regreso me significó una sorpresiva buena noticia. Una de mis responsabilidades en aquel crucero era ser el mesero privado de una clienta de la que les hablé con anterioridad: hablo de la señora Johnson, quien le informó a la compañía que no se sumaría al siguiente crucero si yo no estaba en él. La señora era heredera nada menos que de la cadena hotelera Howard-Johnson, que abarcaba más de cuatrocientos hoteles solo en los Estados Unidos. Cuando su esposo falleció, ella dedicó su vida a recorrer el mundo en cruceros de lujo. Y el Kungsholm era uno de sus barcos predilectos, pues en él pasaba unos cinco meses al año.

La señora Johnson fue uno de los tantos pasajeros que al llegar a Dakar bajó del barco para emprender el safari por tierra. Su mesa estaba reservada en exclusiva para ella, así que su asiento quedó vacío. Cuando volvimos a vernos en Kenia nos saludamos con afecto, ella me relató su experiencia al atravesar África en un jeep y yo le hablé de mis impresiones de Ciudad del Cabo. Cuando la señora terminó de almorzar me entregó un sobre.

—¿Qué es esto? —pregunté.

—Es para usted, Fulvio.

Abrí el sobre. En su interior había un buen número de billetes de cien dólares.

—¿Qué significa este dinero, señora? —pregunté sorprendido.

—Son dos mil dólares para usted. Son las propinas que no le entregué en el tiempo que estuve fuera del barco.

—No puedo aceptar esto, yo no la atendí en todo este tiempo.

—Ese sobre es suyo, Fulvio.

No pude más que agradecerle. Es bueno saber que, a pesar de tanta codicia, aún quedan personas a las que el dinero no les quitó el don de buena gente.

Países árabes

El plan estipulaba tocar tres puertos de los países árabes, pero no pudo ser posible. Aquellos principios de los años setenta eran un tiempo político complicado para las relaciones políticas entre los Estados Unidos y algunos países árabes, y nuestro barco estaba repleto de pasajeros estadounidenses. Por lo tanto, y tras analizarlo concienzudamente, las autoridades de la compañía naviera llegaron a la conclusión que lo más seguro era modificar el itinerario.

Fue el capitán del barco quien anunció las novedades por medio del altavoz:

—… la turbulencia geopolítica que atraviesan varios países de la región sumado a las recientes insurrecciones vuelve peligrosa la estadía del Kungsholm en algunos puertos. Por lo tanto, solo atracaremos en Yemen del Sur. Lamentamos las molestias ocasionadas, y nos…

Mientras nos hallábamos a algunos cientos de metros del puerto de Yemen del Norte —que en esos años estaba separado de Yemen de Sur— salí a uno de los decks del barco a contemplar los barcos fondeados. Siempre me agradó hacer eso, espiar la ciudad que se adivina en el horizonte, observar los barcos, descubrir sus banderas y averiguar a qué países pertenecen. En Yemen del Sur me llamaron la atención dos petroleros de un tamaño inconmensurable. Noté que estaban vacíos —uno se da cuenta de ello porque la línea de la barriga del barco se halla muy por arriba de la superficie—. Mi experiencia tras tantos años de recorrer los puertos del mundo me hizo caer en la cuenta de que se trataban de dos de los muy pocos petroleros del mundo capaces de cargar la friolera de 400.000 toneladas de petróleo. Me pregunté a qué país árabe pertenecerían esos colosos. O tal vez pertenecían a los Estados Unidos o a la Unión Soviética. Grande fue mi sorpresa cuando minutos más tarde pude ver la bandera amarilla y blanca de la popa. ¡Aquellos barcos monumentales pertenecían a Ciudad del Vaticano!

Antes de bajar en Yemen nos sugirieron que no nos alejemos demasiado del muelle.

—La situación aquí es algo más calma que en otros países de la región —nos digo la mano derecha del capitán—, pero eso no significa que el ambiente esté calmo. No olviden que la mayor parte de nuestros pasajeros son estadounidenses, siempre está latente la posibilidad de encontrarnos con grupos extremistas. Lo último que precisamos es un secuestro o un atentado.

—¿Qué consejo nos da? —preguntó un compañero.

—Si quieren bajar a tierra firme, pueden hacerlo, no podemos prohibírselos. Pero nuestro consejo es que permanezcan en el barco.

La misma advertencia recibió la tripulación del barco.

Pero ustedes, queridos lectores, que ya me han leído hasta aquí, sabrán que a mí muy poco me importaron esos consejos. Hoy les hubiese hecho caso, sin embargo, ese muchacho joven que yo era estaba convencido de ser inmune a todo. Mi sed de aventuras y mi enorme curiosidad siempre se impusieron a todo tipo de advertencia. En aquel joven Fulvio la inconsciencia opacaba al peligro.

Pero precisaba algún tipo de excusa para bajar del barco, y me llevó muy poco tiempo encontrar una:

—No puedo estar en un país árabe y no comprarle a mi madre una buena alfombra.

Sí, una bella alfombra que remita a aquellas míticas alfombras voladoras que tantas veces han enriquecido la literatura de Medio Oriente.

Bajé del barco, atravesé el puerto y tras andar apenas cien metros encontré una tiendita de poca monta que, entre muchas otras cosas, vendía alfombras. Hubiese querido seguir buscando algo mejor, pero la ciudad no parecía muy acogedora, así que preferí probar suerte en ese sitio.

—¿Cuánto vale esta alfombra? —le pregunté al empleado.

Tras observarme de pies a cabeza, me dijo:

—Doscientos dólares.

Yo sabía que en aquellos sitios el regateo es muy usual, así que dije:

—Le ofrezco cincuenta.

—Ciento cincuenta.

Al final cerramos trato en setenta dólares, y en cuestión de minutos yo ya estaba regresando al barco. A poco de subir me cruzo en un pasillo con dos pasajeros que parecían discutir entre ellos. Yo los conocía, eran una pareja muy agradable a la que atendía en el restaurant. El motivo de la discusión se debía a que ella quería bajar del barco y él no.

—¿No has escuchado lo que nos advirtieron? No es seguro bajar.

—No te digo que hagamos un tour, hablo tan solo de dar una pequeña vuelta por la ciudad.

De pronto ambos me vieron llegar. Y ella de inmediato posó su atención en lo que yo cargaba entre mis manos.

—Fulvio, ¡qué bella alfombra!

—Sí. Acabo de comprarla.

Ella se acercó y le acarició la tela.

—Bajemos —le ordenó a su pareja—. Quiero una alfombra igual a esta. Dime dónde la has comprado, Fulvio.

Su pareja resopló con fastidio. Ella ya había encontrado una buena excusa para abandonar el barco. Sin embargo, yo me adelanté a la situación, y dije:

—La compré en una de las mejores tiendas de alfombras de toda Arabia. Pero no les recomiendo bajar del barco.

—¿Por qué?

—No solo porque el capitán tiene razón: el clima en la calle es bastante espeso, sino también porque salí de la tienda justo un minuto antes de que cierre.

Ella no se conformó con mi respuesta, y dijo con firmeza:

—Le compro esa alfombra, Fulvio.

—Lo siento mucho pero no tengo manera de vendérsela. Mi madre me pidió especialmente que le compre una alfombra. Toda su vida ella soñó con tener una bella alfombra árabe como esta, y para colmo la pagué una fortuna.

—¿Cuánto pagó por ella, Fulvio?

La alfombra se reflejaba brillante en las pupilas de la mujer. Entonces hice una pausa, respiré hondo y dije:

—Mil quinientos dólares.

—Te los pago —dijo ella con seguridad mientras su pareja no podía creer lo que escuchaba.

—Lo siento mucho, señora —murmuré con aire compungido—. Pero no tengo modo de vendérsela. Mi madre está aguardando con ansias mi regreso para que yo le entregue esta alfombra.

—Te ofrezco dos mil dólares, Fulvio.

Volví a negarme, pero la mujer estaba de veras obsesionada con tener aquella alfombra. Su pareja soltó un bufido, me miró con ojos suplicantes, y me rogó:

—Vamos, Fulvio. Por favor. Véndesela.

Y entonces ella elevó la apuesta aún más:

—Te ofrezco dos mil quinientos dólares.

Simulé un gran pesar, les conté lo mucho que mi pobre madre lamentaría aquello, y al fin les entregué la alfombra.

La mujer no supo cómo agradecerme mi gentileza, y al rato me trajo el dinero. Minutos después guardé feliz en mi camarote los dos mil quinientos dólares. Pensar que había pagado por aquella alfombra apenas setenta. Una alfombra de mala calidad que podías comprar por poco dinero en cualquier tienda perdida de los Estados Unidos.

Egipto

El siguiente paso consistía en navegar nada menos que el Canal de Suez, que nos llevaría al Mediterráneo.

El Canal de Suez es una obra monumental con una extensión de 163 kilómetros que une el Golfo de Suez con el mar Mediterráneo. Fue construido entre los años 1859 y 1869 por Ferdinand Marie, el empresario y diplomático francés que años después construiría el Canal de Panamá. El Canal de Suez tiene una importancia sideral no solo para el comercio mundial sino también para que los países europeos puedan proveerse rápidamente de petróleo, pues permite que Asia y Europa se comuniquen sin tener que rodear el continente africano. Pese a que se suponía que el canal pertenecía a Egipto, este en realidad estuvo en manos de una empresa francesa y británica que lo concesionó hasta 1956, cuando el presidente egipcio Gamal Abdel Nasser lo nacionalizó en medio de gravísimos conflictos que pusieron en vilo la paz mundial.

Atravesar el Canal es una experiencia en sí misma. Es angosto, cuando el barco pasa uno casi tiene la sensación de que las orillas están al alcance de la mano. Me sorprendió descubrir que esas orillas estaban repletas de material bélico abandonado tras la Guerra de los Seis Días, ocurrida seis años atrás, que había enfrentado a Israel con una alianza de países árabes. Era estremecedor ver semejante cantidad de tanques rotos, infinidad de piezas de artillería, cañones, morteros… Los pasajeros salían a la cubierta del barco a fotografiar aquel cementerio de armas que graficaba a la perfección la monstruosidad de la guerra.

Y ahora, tantos años después, mientras pongo en palabras aquel recuerdo, viene a mí la voz del catalán Serrat, el eco de aquellos versos que dicen:

> *Padre*
> *que el campo ya no es el campo.*
> *Padre*
> *mañana el cielo lloverá sangre.*
> *El viento lo canta llorando.*

Padre,
ya están aquí:
monstruos de sangre
con gusanos de hierro

Padre,
no, no tengáis miedo,
y decid que no,
que yo os espero.

Padre,
que están matando la tierra.
Pero Padre,
déjese usted de llorar
que nos han declarado la guerra.

La milenaria Egipto comenzaba a tenderse a nuestros pies, la siguiente escala sería la histórica Alejandría. Y al bajar del barco la visita obligada eran, inevitablemente, las pirámides.

Un viaje en taxi me acercó al sitio donde estaban ubicadas, pero para llegar a ellas debí rentar un camello. Imposible explicar lo dolorido que me quedó el cuerpo. No sé cómo hacen los árabes para pasarse horas y horas arriba de esos animales.

La cuestión es que al fin llegué a las pirámides, y debo confesar que son de veras impresionantes, una auténtica muestra de lo que el hombre fue capaz de realizar con sus propias manos nada menos que milenios atrás.

Sin embargo, el periplo resultó un tanto accidentado.

La entrada a las pirámides se encuentra en la base de las mismas, pero la cámara mortuoria donde se conserva el cuerpo de los faraones se halla en el centro. Así que una vez que entras, debes subir por una escalera, pero el piso es tan bajo que ese trayecto se recorre agachado, y la escalera es angosta, muy angosta. Por lo tanto, uno va subiendo agachado para evitar que la cabeza te golpee el techo. Y a esto hay que sumarle que el estrecho pasillo está atestado de gente cuyo culo va apenas centímetros delante de la propia cara. En fin, nada sencillo alcanzar la bóveda del faraón. Y al llegar no había ningún sarcófago —en general fueron trasladados al Museo de El Cairo— sino tan solo el cuarto con sus muros pintados. Y por supuesto que a la hora del regreso hay que repetir el recorrido. La conclusión fue que la espalda y la cintura me dolían horrores, ya casi no podía dar un paso más. Así que decidí arriesgarme y bajar deslizándome por una de las dos barandas ubicadas al costado del pasillo. De seguro aquello no estaba permitido, pero yo no podía seguir caminando. Los primeros metros avancé sin problemas, sin embargo, pronto me topé con un serio problema: en la baranda había un clavo salido. Y como yo venía deslizándome a cierta velocidad, el clavo no solo me rasgó el pantalón, sino que también me lastimó la piel provocándome una herida. Comenzó a dolerme mucho. Una vez fuera de las pirámides noté que todos me miraban. Me reencontré con un compañero, que me dijo:

—¿Qué te ha ocurrido? ¡Tienes todo el pantalón empapado en sangre!

Pero aún me quedaban más padecimientos: faltaba el regreso montado sobre el camello. Por Dios, qué dolor. Llegué al barco más arrastrándome que caminando.

Aquella noche, en la cafetería, mis compañeros se rieron un buen rato de mí:

—¡Fulvio bajó a conocer las pirámides y en el camino lo violó Alí Babá con los cuarenta ladrones!

—¡A Fulvio lo violó Tutankamón!

Chistes, contratiempos y cansancios a un lado, debo decir que jamás olvidaré la magnífica experiencia de haberme podido adentrar a lo más hondo de aquellas criptas reales en las que yacen los antiguos faraones. Allí uno verdaderamente se siente capaz de mirar a la Historia a los ojos.

Una vez que Alejandría quedó atrás, el Kungsholm recorrió de punta a punta la costa africana del Mar Mediterráneo y, al abandonar Marruecos desembocamos en el Atlántico.

Las misteriosas África y Medio Oriente ya eran parte del pasado. Nueva York, el destino final de nuestra aventura, nos aguardaba al otro lado del océano.

Las premoniciones de El Brujo

Este libro, entre tantas otras cosas, también es un homenaje a tantos muchachos que me han acompañado a través de infinidad de viajes. Ninguna de mis experiencias y aventuras hubiese sido posible sin su apoyo, complicidad y compañía. Es cierto que, como es inevitable en todo grupo humano, ha habido alguno que otro que tenía mal carácter o pocas ganas de trabajar, pero a la gran mayoría de ellos los recuerdo por haber sido solidarios, emprendedores, divertidos y entusiastas. Y a alguno que otro lo recuerdo por haber sido... ¿cómo decirlo? Posiblemente la palabra adecuada sea "particulares". Y ninguno resultó más particular que "El Brujo".

Imagino que querrán que les hable de él, así que eso mismo haré.

Arturo era un tripulante genovés de unos cincuenta años, su

tarea era estar al frente del store-room. Una mañana, durante un viaje por el Caribe, me encontré a Arturo de mal humor.

—¿Qué te ocurre? —le pregunté.

—Otra vez este desgraciado… —me dijo soltando un gesto de fastidio.

Comprendí de inmediato a qué se refería: había un oficial que, a la hora de las inspecciones, solía molestar a Arturo con todo tipo de reclamos. Pero por lo visto esta vez las quejas del oficial se habían pasado de la raya, y Arturo estaba furioso.

—Este hombre me tiene cansado, cada vez que viene al store-room me molesta con algo —y entonces Arturo entrecerró los ojos y murmuró bien por lo bajo—: Ojalá se caiga de las escaleras y se rompa una pata así lo desembarcan.

Enorme fue mi sorpresa cuando apenas minutos después me entero que… ¡el oficial se tropezó al bajar unas escaleras, se rompió una pata, y debió ser desembarcado!

Aquella historia circuló de inmediato entre todos mis compañeros. Y desde ese día Arturo pasó a ser para todos nosotros como un brujo. O mejor dicho: El Brujo.

Pero su leyenda aún estaba comenzando.

Cada vez que los últimos pasajeros se retiraban tras la cena, nosotros nos íbamos a comer a nuestra cafetería. Pero alguna que otra vez también nos quedábamos a cenar en el salón comedor, ya vacío de pasajeros. Un día decidimos invitar al Brujo.

—Oye, Arturo —le dijimos—. Ven a cenar con nosotros, que el cocinero nos preparará un plato delicioso.

El Brujo aceptó la invitación y sentó a mi lado. Se lo notaba algo molesto, miraba una y otra vez hacia abajo.

—¿Hay algún problema, Arturo? —le pregunté.

—Hay que tirar esta silla al mar.

—¿Por qué?

—Tiene una pata floja.

—No es necesario tirarla, tal vez pueda ser reparada —dijo un compañero sentado al otro lado de la mesa.

Arturo negó con la cabeza.

—Esta silla debe ser arrojada al mar. Esta silla está mal. El cliente que se siente aquí se va a morir.

Un escalofrío me recorrió la espalda. Había algo de misterioso y perturbador en el modo en que dictaminó aquella sentencia. Sin embargo, en ese mismo momento el cocinero nos avisó que la cena estaba lista, nos servimos los platos, nos dedicamos a cenar, y lo dicho por Arturo quedó a un lado.

No puedo explicar el pánico que sentí cuando al día siguiente, durante la hora del almuerzo, el primer cliente que se sentó en esa silla… murió.

Perdió el conocimiento de un segundo al otro, soltó un quejido espantoso, su cabeza cayó en el plato de sopa, y murió.

—Sufrió un infarto —dijo el médico del barco antes de trasladarlo a la cámara mortuoria.

Quienes habíamos escuchado la sentencia de El Brujo la noche anterior nos mirábamos los unos a los otros con ojos aterrados.

Ese mediodía, una vez que los pasajeros terminaron de almorzar, un compañero mesero dijo:

—Esta silla está maldita. Arturo tenía razón: debemos desprendernos de ella.

Así que fuimos a popa y la lanzamos al mar.

Entre nosotros no hacíamos más que hablar del El Brujo. ¿Tendría poderes? ¿O tan solo premoniciones? Imposible saberlo con seguridad. Lo único seguro es que ese hombre era dueño de algún tipo de don. Y su leyenda no haría más que acrecentarse con nuevas historias.

Un día estábamos con un grupo de meseros quejándonos de otro mesero que era mal compañero. Todo el tiempo le decía al jefe que uno de nosotros llegó tarde, que otro se quedó fumando en el camarote, y así en más... Aquel rumor llegó a oídos de El Brujo, que nos dijo:

—No se preocupen con ese muchacho. Le haré un vudú.

—¿Un vudú? —balbuceó uno de nosotros con voz preocupada, pues el hecho de que ese mesero nos cayera mal no significaba que queramos hacerle ningún daño.

—¿Cómo se llama ese mesero? —preguntó El Brujo.

A regañadientes le dimos el nombre.

—Ya verán. Este hombre desembarcará y muy pronto volverá a su casa.

Debieron pasar apenas unas pocas horas para que sus palabras se vuelvan realidad. Ese mismo día, bien tarde en la noche, el mesero comenzó a gritar como un desaforado, yo lo pude escuchar a la perfección pues su cabina estaba muy próxima a la mía. El tiempo pasaba y los gritos no hacían más que acrecentarse. Llegó el médico, y tras revisarlo no tuvo más opción que inyectarle un fuerte calmante. Al día siguiente lo desembarcaron y lo mandaron de regreso a su casa. Su compañero de cabina dijo que había comenzado a ver visiones extrañas, aterradoras. Que a sus afiebrados ojos su cama se había vuelto un monstruo de mil garras que lo acosaba y perseguía pidiendo muerte y sangre.

El día que El Brujo terminó su contrato bajó del barco junto a otros cuarenta tripulantes para tomar un vuelo desde Miami con destino a Milán, para iniciar cada uno sus vacaciones en Italia. A segundos de despegar el avión, él le dijo a sus compañeros:

—Este vuelo me da mala espina.

Todos comenzaron a preocuparse. Las palabras de El Brujo jamás debían ser tomadas a la ligera. Si él decía eso... era porque algo malo estaría por suceder.

Minutos después insistió:

—Sí, es seguro. Este vuelo tendrá problemas.

Algunos compañeros incluso llegaron a santiguarse.

Pero por fortuna nada malo sucedía, el vuelo proseguía su marcha sin ningún inconveniente. Hasta que de pronto unas fuertes turbulencias sacudieron al avión, y los minutos pasaban y las turbulencias no solo no cesaban, sino que se acrecentaban. Mis compañeros miraban al Brujo, que se mantenía imperturbable con sus ojos clavados en la ventanilla.

Hasta que se escuchó la tensa voz del piloto del avión, que anunció:

—Lamento comunicarles que estamos sufriendo un contratiempo en una de las turbinas. Nos vemos obligados a desviar nuestro recorrido y a hacer un aterrizaje de emergencia.

El avión debió alejarse del Atlántico y aterrizar en una isla perdida del norte de los Estados Unidos donde no había nada a excepción de una pequeña pista de aterrizaje.

El avión estuvo allí varado durante tres días hasta que llegó otro avión a socorrerlos.

Una vez más llegamos a la única conclusión posible: lo que El Brujo anticipaba, se cumplía.

En fin, como les he dicho al comenzar este capítulo, han sido incontables los muchachos que me han acompañado en tantos barcos, y la gran mayoría de ellos fueron magníficos compañeros. Pero de seguro que ninguno ha sido más extraño y misterioso que El Brujo.

Mi primera vuelta al mundo

El Kungsholm, con el que ya había recorrido Sudamérica y África, aún me cobijaría en varios viajes más. Pero ninguno de ellos fue comparable al más grande de todos: La Vuelta al Mundo.

Hay algo de simbólico en un viaje de ese tipo. Desde el principio de los tiempos que el hombre fantasea con recorrer el globo de punta a punta, de principio a fin. De ello dan cuenta un buen número de escritores que han plasmado en sus libros el deseo de abarcar la tierra en un puño, y tal vez no haya mejor ejemplo de ello que La vuelta al mundo en ochenta días de Julio Verne. La curiosidad del ser humano es infinita, y el único modo saciarla es atravesando el Atlántico, el Índico, el Pacífico… abarcar islas, fiordos, acantilados, mares, puertos, pueblos, ciudades, culturas, razas… para, al fin, regresar al punto de partida siendo personas más plenas, más ricas, cargadas de experiencias y anécdotas, y con todos los sentidos cargados de nuevas sensaciones.

En suma, se trata de una experiencia de la que uno, inevitablemente, regresa siendo una persona diferente a la que era al momento de la partida. Porque de eso se trata viajar: de acumular conocimientos y experiencias. Y la historia nos indica que no hay viaje más pleno, potente y simbólico que la mítica Vuelta al Mundo.

Preparativos y ajustes previos al viaje

Antes de dar comienzo a la vuelta al mundo, el Kunghsholm hizo un breve crucero por el Caribe. Jamás imaginamos que ese breve viaje de rutina traería aparejado un inconveniente de proporciones.

En Martinica el barco se acercó demasiado a la costa, y sucedió una de las pesadillas que todo barco busca evitar: encallar en un banco de arena. Quedamos totalmente atascados, imposibilitados de reanudar el viaje y a la espera de un remolcador que nos libere de esa situación.

Dos días más tarde llegaron a socorrernos dos remolcadores de Puerto Rico —de 5000 y de 8000 caballos cada uno—. A pesar de su esfuerzo no lograron sacarnos del banco de arena. Así que debimos seguir esperando, hasta que al día siguiente llegó un remolcador de Curazao de nada menos que 20000 caballos. Tras amarrar ambas embarcaciones con firmes cuerdas, logró sacarnos, pero por desgracia se dañaron las hélices del barco.

El capitán se vio obligado a desviarse a Miami, donde el barco permaneció varios días en un astillero a la espera de que reemplacen las hélices.

Esto trajo aparejado dos inconvenientes: el primero fue el lógico retraso, el segundo fue que el punto de partida para la vuelta al mundo, que iba a ser Nueva York, pasó a ser Miami, obligando a los pasajeros a volar hasta allí —con los gastos del vuelo a cargo de la compañía naviera, por supuesto—.

Con el punto de partida modificado, el espectacular itinerario de la vuelta al mundo sería el siguiente: Miami, Saint Thomas, Martinica, Curazao, Canal de Panamá, Acapulco, San Francisco —donde debimos permanecer un día extra, pues aún teníamos algún problema con las hélices que vibraban por demás—, Hawaii, Guam, Yokohama, Sri Lanka, Bombay, Singapur, Hong Kong, Cantón —allí volvimos a tener inconvenientes ya que las hélices rozaron el lecho submarino—, Yemen, Egipto, Malta —donde nos arreglaron las hélices—, Nápoles, Portofino, Ville de France, Málaga, Gibraltar, Lisboa, Madeira, y al fin la parada final en la ciudad de Nueva York.

El escenario estaba montado. Ahora era tiempo de descorrer el telón y salir a escena.

La India

De aquel viaje inolvidable, la India fue uno de los destinos más potentes y llamativos. Jamás logré desprenderme de esa geografía, que me ha dejado marcas en el alma y en el cuerpo. Ya sabrán a qué me refiero.

Salí a recorrer Bombay junto a un compañero llamado Miguel Ángel. Miguel, más allá de ser un buen amigo, tenía una particularidad: le gustaba filmar, su cámara lo acompañaba a todas partes. Nos subimos a un taxi que, a poco de comenzar a andar se detuvo en una carretera entre un bullicio de tráfico. No se trataba de un típico embotellamiento de la India, este parecía aún más agudo.

—¿Qué sucede? —le pregunté al chofer.

Me miró por el espejo retrovisor, y dijo:

—Una vaca se sentó en medio de la carretera.

—¿Cómo? —pregunté sin comprender qué había querido decirme.

—Lo que escucha. Una vaca se sentó en el medio de la carretera.

Miguel hizo la pregunta inevitable:

—¿Y por qué no le quitan?

—Porque nadie la puede tocar —respondió el chofer—. Es un animal sagrado.

Así que permanecimos un buen rato atascados en esa carretera a la espera que la vaca se decida a seguir andando. Algo de veras inaudito. Por supuesto que yo no pedía que la azoten, tan solo que la inviten gentilmente a retirarse para que siga descansando al costado del camino, pero por lo visto eso no era posible.

Al fin la vaca se fue y pudimos llegar al centro de la ciudad. Todo nos resultaba sorprendente, las multitudes de gente yendo y viniendo, los aromas fuertes, el griterío, el tráfico endemoniado... Mi amigo todo lo filmaba, y los indios nos seguían, les llamaba la atención la cámara, nos pedían dinero...

De pronto sentí algo extraño en el hombro. En primera instancia imaginé un chorro de chocolatada derramada en mi camisa. Aunque el aroma era desagradable. ¿Sería posible que...? Miré hacia arriba. Mis ojos no daban crédito a lo que veían.

—No, no lo puedo creer —murmuré.

Alguien había asomado su culo por la ventana de un departamento ubicado en un primer piso, y estaba defecando.

Y mi amigo filmándolo todo.

No tenía modo de regresar al barco así que me saqué la camisa y la tiré. Por suerte tenía una remera abajo.

Pero aquel no sería el mayor estupor, aún nos sobresaltaríamos con una sorpresa infinitamente más espantosa.

Seguimos andando hasta que nos llamaron la atención dos hombres que bajaban de un camión de carga. Ambos cargaban un palo que en la punta tenía un clavo.

—Qué raros esos dos —me dijo mi amigo—. ¿Qué estarán

haciendo?

Nos llevó muy poco tiempo descubrir qué hacían. Las calles de Bombay están atestadas de personas durmiendo en el piso, en banquetas, en cualquier lugar de la calle. Y lo que hacían estos hombres era golpearlos con esos palos. Al que se movía lo dejaban donde estaba, y al que no...

—Los tiran al camión —balbuceé con voz quebrada.

Mi amigo bajó la cámara. Ya no pudo seguir filmando.

Me asaltó una pregunta. ¿Y si algunos de ellos no estaban muertos sino dormidos? Preferí no responderme.

Más tarde nos explicarían que ese camión, una vez que estaba bien cargado, se alejaba a las afueras de la ciudad donde todos los cuerpos eran echados al fuego.

Regresamos con mi amigo rumbo al barco. Una opresión nos estrujaba no solo el estómago, también el alma.

En India es infinita la gente que duerme, vive y muere en las calles. Gente que no tiene nada. Absolutamente nada a excepción de los trapos que los cubren. Son decenas de millones quienes sobreviven de los restos, de las migajas, de la caridad o de lo que se recoge de la basura. Y cuando mueres... Cuando mueres te echan al fuego.

También era descorazonador ver a tantos niños pidiendo limosna. Y algo llamó mi atención: a muchos de ellos les faltaba un brazo, o eran cojos, o habían perdido un ojo. Tardé poco en enterarme de que allí hay mafias que recogen a los niños de la calle, les provocan alguna amputación —para provocar la lástima de los demás— y los obligan a mendigar todo el día. Y al caer la noche les quitan el dinero recaudado. De solo recordarlo se me empapan los ojos de lágrimas. Tal vez sea cierto que hay infinidad de mundos, y que todos ellos están en esta Tierra.

Como les mencioné al comienzo de este capítulo, ese viaje a la India ha dejado marcas en mi vida. Y no hablo solo de marcas en la mente y el alma, también hablo de marcas en el cuerpo. Aún hoy tengo una cicatriz en la frente de mis días en Bombay.

Al día siguiente de aquella experiencia de espanto nos invitaron —por ser tripulantes del barco— a pasar la tarde en un hotel para turistas muy famoso que, entre otros lujos, tenía una piscina olímpica con varios trampolines de diferentes alturas. A mí siempre me gustó tirarme de ellos, y supuse que sería una buena idea subir al trampolín más alto y lucirme al dar unas piruetas.

—¡Aguárdame que subo contigo! —me dijo un compañero.

Subimos juntos. Desde la cima del trampolín observé hacia abajo. Estábamos de veras alto, quienes tomaban sol a los costados de la piscina se veían pequeños. Algunos de ellos estaban interesados en nosotros, tanto es así que alcancé a oír a un niño que nos señaló al grito de:

—¡Mira, mamá! ¡Se van a lanzar desde allí arriba!

Me acerqué al borde del trampolín, y me hallaba a punto de lanzarme cuando sucedió lo inesperado: mi compañero, seguramente creyendo que aquello era una gracia, me empujó. Perdí el equilibrio en medio del pánico, durante la caída giré varias veces en mí mismo hasta que caí no en el sitio adecuado sino en una zona de poca profundidad. Tras estrellarme contra el agua mi frente golpeó duro contra el fondo de la pileta. Cuando abrí los ojos me rodeaba una gran mancha de sangre, al instante perdí el conocimiento.

Debieron sacarme de la piscina entre varios, y me llevaron a la enfermería del hotel. Después de sacarme una radiografía, el médico dijo:

—No tiene nada roto, solo se trata de un fuerte golpe: pero tenemos dos problemas.

—¿Cuáles? —preguntó mi compañero, que me estaba acompañando tras su inconsciencia de tirarme de lo alto del trampolín.

—Tiene un tajo que requerirá ser cosido con una veintena de puntos.

—¿Y cuál es el segundo problema?

—No tenemos anestesia. Y este corte debe ser cosido de inmediato.

Recibí diecisiete puntos sin anestesia. Podía sentir el recorrido de la aguja hasta lo hondo de mi piel, cada puntada resultó un infierno.

Al fin me trasladaron al barco en silla de ruedas. Permanecí diez días sin trabajar, en los que estuve en convalecencia en el hospital del barco.

Tenía inflamada toda la parte derecha de la cara, la herida se me puso morada, y la hinchazón fue tan grande que se me cerró un ojo por completo. Hasta la mandíbula me dolía.

Recién después de una semana de calmantes y cuidados comenzó de a poco a bajar tanto el hematoma como el dolor.

En medio de aquella situación sucedió algo que me resultó gratificante: no solo mis compañeros mostraron gran interés por mi evolución, también muchos pasajeros a los que yo atendía se preocuparon por mí, y varios de ellos hasta bajaron a verme.

Aunque parezca mentira ya han pasado casi cincuenta años

de aquel mal trance, y en mi cabeza aún reluce la cicatriz que atestigua lo sucedido.

En algún punto me parece inevitable cargar con esa cicatriz. Como antes señalé, la India —inabarcable, compleja, fascinante y a su vez cruel hasta la exasperación— es una tierra que deja marcas. Marcas que duelen. Y no solo en el alma, también en el cuerpo.

Tonga

Más allá de mis golpes, la vuelta al mundo seguía su inevitable curso. Y la próxima etapa, ya bien adentrados en el Océano Índico sería Tonga. Tonga es un reino de la Polinesia que comprende a más de ciento setenta islas del sur del Océano Pacífico. Casi todas ellas están deshabitadas y poseen playas vírgenes de arena blanca y están rodeadas por arrecifes de coral. La isla de mayor importancia se llama Tongatapu, donde se encuentra la capital Nuku-alofa. Fue allí donde el Kungsholm recibió a uno de sus visitantes más llamativos.

—Mañana subirá al barco una visita especial —nos indicó el Capitán.

—¿Quién? —preguntó uno de mis compañeros.

—El rey de Tonga. Vendrá a conocer el barco y a cenar.

Y así ocurrió. Al día siguiente nos encontramos con el rey de Tonga dispuesto a cenar en el Kungsholm. Lo primero que me llamó la atención es que el hombre era gordo, muy gordo. Vestía un atuendo típico de las islas y tenía la cabeza adornada de flores. A poco de verlo notamos que su obesidad no le permitiría sentarse en las sillas del salón comedor, así que debieron subir el banco del pianista, que tiene la particularidad de ser largo. Pero la operación no fue sencilla: como el banquito estaba enroscado al piso, debieron desenroscarlo. Debo confesar que se lo veía algo ridículo el rey de Tonga, con su atuendo característico, las flores en la cabeza, y su voluminoso cuerpo desparramado en el banquito del pianista. Más que un integrante de la realeza parecía el personaje de alguna película graciosa de Walt Disney.

Imagino que no son muchos los trabajos que te permiten la posibilidad de contemplar semejantes espectáculos. Pero aún quedaba más, mucho más por ver. Al punto que muy pronto, en nuestra siguiente escala, tendría el privilegio de ser testigo directo de un hecho geopolítico de relevancia.

Shangai

Shangai era uno de los destinos de mayor importancia de nuestro viaje. No solo porque se trataba de la ciudad más importante de China —viven en ella varias decenas de millones de habitantes— sino porque el Kunghsholm sería el primer barco que atracaba en su puerto tras la apertura de China al turismo.

De seguro que en ese momento mi juventud me impidió ser consciente de la importancia de aquella escala, pero con el correr de los años aprendí a valorar lo relevante de haber podido ser testigo de un momento así.

La compañía dueña del Kungsholm sabía muy bien de la relevancia de aquella escala, así que al llegar organizó una cena de bienvenida para recibir a las autoridades del gobierno chino. El barco se nos llenó de unos doscientos militares uniformados de verde.

—Nos confiscaron el barco —recuerdo haberle dicho a un compañero.

—¿Nos dejarán salir de aquí? —me respondió, mitad en gracia, pero mitad en serio.

Es importante recordar que en ese tiempo no había internet, ni google, ni correo electrónico ni WhatsApp; el mundo era más grande y distante de lo que es hoy. Y a esto hay que agregarle otra cuestión nada menor: China no era la actual potencia mundial. Era un país comunista mal administrado, sus ciudades no eran más que un rejuntado de infinitas callejas plagadas de decenas de miles de bicicletas. Quince años después, cuando me tocó regresar, Shangai ya era una metrópoli moderna repleta de sofisticados y modernos edificios, coches, buses y camiones. Pero esa será otra historia que les contaré más adelante. Ahora estamos en los años setenta, y China era un país casi cerrado al mundo. Así como sucedía con la Unión Soviética, uno sentía que una gran cortina de hierro dividía a nuestro mundo del de ellos. Y todo esto hacía que por esos años uno se sienta no en un país distante sino en otro planeta.

El gobierno chino, sabedor de la importancia de la llegada de nuestro barco, agradeció nuestra cena de bienvenida organizando unos tours especiales para que tanto los pasajeros como los tripulantes tengamos oportunidad de recorrer la ciudad. El tour era pago para los pasajeros, pero gratuito para nosotros. Y fue sensacional, una experiencia inolvidable.

En la mañana bajamos del barco, y nos subimos a un autobús dispuesto por el gobierno chino que nos llevó a un buen número de tripulantes a una plaza de Shangai. Al bajar nos esperaban muchas familias de chinos, y cada uno de nosotros fue asignado a una familia. La mía estaba formada por un papá, una mamá y un niño de unos tres años. Nos trasladaron a su casa y pasé la mañana con ellos. Era una familia humilde, se notaba por sus maneras y por el modo precario que vestían. Para aquella gente un jean estadounidense era un producto tan exótico como lujoso. Me enseñaron su vivienda, su jardín, sus costumbres. Solo Dios sabe cómo logramos entendernos, porque ellos no hablaban una palabra de inglés y yo nada de chino. La cocina era apenas unas piedras que calentaban para hervir el agua. Al entrar a su dormitorio me sorprendió descubrir que no tenían cama, dormían en el suelo. Prepararon una comida sencilla pero apetecible y almorzamos juntos. Por la tarde nos despedimos, eran muy amables, pero se notaba que habían sido obligados a recibirnos. De seguro el gobierno chino había elegido un determinado número de familias que estuvieran en condiciones de brindarnos a nosotros, los extranjeros, una buena imagen de la vida en Shangai.

Me despedí de ellos y, tras regresar al autobús, nos llevaron a un teatro antiguo en el que me reencontré con los pasajeros del barco. Sobre el escenario se exhibió un show con bailes y música típicos de la región. Muchos años más tarde un show así, tan solo algo más profesionalizado, recorrió los teatros de Estados Unidos con gran éxito. Fue un muy buen espectáculo, muy cuidado y colorido.

Después nos llevaron a cenar a un restaurant. Cada mesa estaba ocupada por una decena de comensales. Eran mesas redondas que giraban para que cada uno pueda elegir qué deseaba comer. Una mesera china puso una gran cantidad de platos y licores sobre la mesa, no quedó ni un resquicio sin llenar de comida y bebida. Debo confesar que no sé qué comí —y me parece que tampoco lo quiero saber, porque algunas cosas tenían un aspecto muy raro—, pero todo era delicioso. Y con mis compañeros de mesa me reí mucho. Al fin todos volvimos al barco un tanto borrachines y con la panza bien llena.

Al día siguiente, antes de partir, me detuve un rato viendo el movimiento del muelle. Eran infinitos los obreros trabajando, como hormigas se movían de un lado a otro, y siempre parecían estar acatando órdenes de una voz que provenía de los altavoces. De pronto sonó una sirena, todos terminaron de trabajar, y alguien lanzó una pelota al aire. Segundos después se organizó un desorganizado y multitudinario partido de fútbol entre más de cincuenta personas. Como estábamos en un momento de descanso se nos ocurrió que sería una buena idea sumarnos a aquel partido junto a algunos de mis compañeros.

—¿Vamos a jugar? —preguntó uno de nosotros.

—¡Vamos! —respondimos al unísono.

El partido fue extraño: como quienes jugaban eran todos muy parecidos los unos a los otros yo ni sabía si le pasaba la pelota a un compañero o a un rival, pero me entretuve por un buen rato.

En ese tiempo el fútbol no estaba tan extendido en China, sin embargo, hoy son dueños de una de las ligas más poderosas del mundo, y les compran jugadores por fortunas a los mejores clubes de América y Europa. A veces me digo entre risas que ese partido que jugamos debió haber el comienzo de la incipiente Liga de Fútbol de China.

En suma, aquella fue una escala de las que no se olvidan. Pero creo que ninguno de nosotros tuvo real consciencia de la importancia de ese viaje del Kungsholm a Shangai. Se trató de uno de los primeros pasos de lo que fue la apertura de China no solo a Occidente sino también a todo el mundo.

En lo que a relaciones internacionales se refiere, una nueva etapa estaba comenzando, y yo tuve la oportunidad y el privilegio de ser testigo del comienzo de esa era.

Misteriosa alergia

Durante este largo viaje sufrí un serio y misterioso contratiempo vinculado a mi salud. Al comienzo del viaje, tras atravesar el Canal de Panamá, comencé a sentirme raro, decaído. Regresé al camarote y percibía una inexplicable extrañeza en todo el cuerpo. Decidí darme un baño, y fue allí cuando comenzaron los problemas: mientras me secaba me descubrí la piel hinchada, llena de ronchas.

—Dios, mío. ¿Qué es esto? Parezco un monstruo.

Me miré espantado al espejo y descubrí que tenía hasta los párpados inflamados. Visité de inmediato al doctor del barco que, tras revisarme me dio una medicación para la alergia.

Pero el problema no se solucionó: cada vez que mi piel entraba en contacto con el agua (fuera la ducha o el agua de mar) a los dos minutos se me hinchaba todo, y recién unos quince minutos más tarde me bajaban las ronchas.

—En el primer puerto que atraquemos —me dijo el doctor— te enviaré a que veas a un dermatólogo especialista en alergias de piel.

Y así fue, y no en un puerto sino en varios. En cuanto el barco atracaba, yo visitaba de urgencia al especialista de esa ciudad. Ninguno supo de qué se trataba mi dolencia, todos se mostraban confundidos y extrañados ante mi patología. Y como el barco inevitablemente partía en cuestión de horas, los médicos siempre aducían falta de tiempo para realizarme estudios más profundos.

Recién en Bombay encontré un doctor que pareció comprender la molestísima situación que me aquejaba.

—Usted padece una típica alergia del trópico, pues su piel no está acostumbrada a estas temperaturas y humedades. No hay medicamentos para solucionarla.

—¿Y entonces qué haré? —pregunté desesperado.

—Esperar.

—¿Esperar?

—Usted padecerá esta alergia por uno o dos años. Y le aseguro que la alergia, así como llegó, se irá.

No me quedó más remedio que seguir trabajando con normalidad, soportando la incomodidad de esas hinchazones post contacto con el agua.

De regreso a Italia me ingresaron al hospital San Martino de Génova. Me internaron por un mes y me hicieron todo tipo de estudios, incluso un test que verificaba si había estado en contacto con algún material u onda radioactiva que tal vez me pudiera haber dañado el sistema inmunológico. Todos los test me dieron negativo. Al fin me indicaron un tratamiento de trescientas inyecciones para inyectarme una por día. Sí, trescientas. El contenido que me inyectaban era de color azul, y por un año oriné azul. Tras un tiempo dejé esas inyecciones de lado, quién sabe qué porquería tenían.

Hasta que un día sucedió lo inesperado: me bañé, y al salir del agua… ¡no había ronchas!

No podía creerlo. Pocas veces me sentí tan feliz. Mi piel se hallaba intacta. A las pocas horas fui a la playa y me metí en el mar, y… ¡ningún rastro de aquella espantosa alergia!

Fue tal como dijo el doctor de Bombay:

—La alergia, así como llegó, se irá.

Jamás he sufrido un problema de salud así de particular. Pero imagino que no es extraño que quien lleva adelante una vida tan extraña como la que yo llevado, también deba soportar enfermedades extrañas. Particularidades de una vida en alta mar.

CAPÍTULO VI

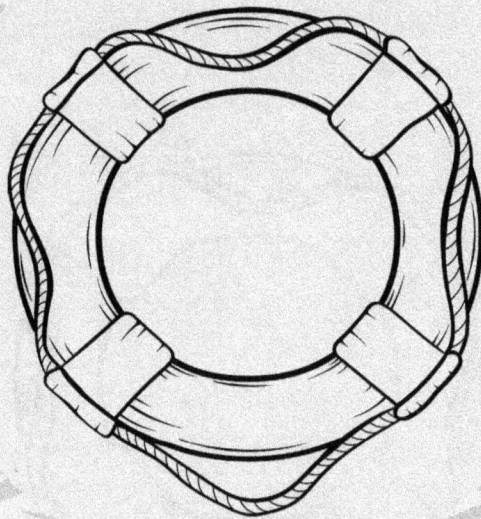

ISLAND PRINCESS

~~ ~~

El Island Princess era el barco gemelo del Pacific Princess, y obviamente ambos pertenecían a la misma compañía: Princess Cruises.

La diferencia entre ellos estaba en el recorrido que emprendían: mientras el Pacific Princess hacía cruceros por la Riviera Mexicana, el Island Princess recorría el Caribe.

Así que una de las tantas cosas que me permitió este barco fue regresar al Caribe, pero con una salvedad: yo ya no era aquel adolescente que navegaba en el Starward con ojos de asombro. Los años me habían vuelto un veinteañero con experiencia en alta mar, y ya no contaba con la protección y la tutela de mi padre, pues los destinos laborales nos separaron, y él se había ido a trabajar a otros barcos.

El mundo se me abría cada vez más y más, y mi único objetivo era abrazarlo por completo. Cada puerto, cada ciudad, cada destino era para mí una oportunidad para conocer y explorar. Y a eso estaba yo abocado con toda mi mente, corazón y alma.

Un día en el Island Princess

Sé que a la gente le suele despertar curiosidad cómo es la vida de la tripulación. Porque los tripulantes somos visibles mientras cumplimos nuestro horario de trabajo, pero una vez que este concluye nos volvemos invisibles al punto que pareciera que desapareciéramos del barco. Y por supuesto que no es así. La tripulación también descansa, se alimenta y se recrea. De no ser así la vida de los trabajadores del mar sería insoportable.

Yo compartía una cabina con otro compañero. Nuestra cabina —como la de la mayor parte de la tripulación— se hallaba al nivel del mar o bajo el agua, y tenía una ventana al exterior que a veces tapaban las olas. Tras tantos años de recorrer océanos uno se termina por acostumbrar a la visión de esas ventanas, pero la verdad es que son de veras formidables. Nuestra cabina también contaba con cama litera —o sea, una cama abajo y otra arriba—, y es el tripulante con más antigüedad el que elije dónde desea dormir. Lo mejor es abajo, para no tener que subir la escalerilla y evitar el techo bajo, pues si te levantas bruscamente en medio de la noche puedes darte un buen golpe en la cabeza. La cabina tiene un lavabo, una mesita con sofá y un armario para la ropa. Los baños están afuera, en el pasillo, y son compartidos con el resto de los compañeros.

Me despertaba con puntualidad a las 6 de la mañana, iba al baño, me afeitaba, me bañaba y bajaba a la lavandería a recoger el uniforme. Allí me lo entregaban con los galones, botones y contrabotones. ¡En ese tiempo uno tardaba como diez minutos en ponerse el uniforme! Y más aun estando semidormido. Por suerte ahora los uniformes son más amables y llevaderos.

A las 6.30 ya debía estar en el restaurant para preparar lo que en la jerga gastronómica se llama mise en place. Esto es, organizar todo lo inherente a la preparación de la mesa en la que comerá el cliente. Cada mesero tenía asignadas unas cuatro mesas a su cargo, y contaba con un bus boy que ayudaba trayendo la mantequilla, los azucareros, el resto de la vajilla... Y a las 7 todo debía estar listo porque a esa hora comenzaba el primer turno del desayuno. Una vez que ese turno terminaba debíamos rehacer todo para el segundo turno que comenzaba a las 8.30.

Una vez que terminábamos de servir el segundo turno del desayuno, los meseros deseábamos que los pasajeros se retiraran, pero a muchos les gustaba quedarse conversando en sus mesas. No nos faltaban ganas de decirles:

—¡Ey! ¡Oiga usted! ¡Váyase de acá y disfrute de la piscina, del sol, de las vistas de océano!

Pero no nos quedaba más remedio que esperar con paciencia que se fuera el último de ellos, cosa que sucedía rondando las 10. A esa hora teníamos un rato libre que aprovechábamos para ir a la cafetería de abajo a desayunar. Porque los empleados teníamos nuestro propio bar, que no podía competir con el de los pasajeros, pero tampoco estaba nada mal.

Tras desayunar me iba a descansar a mi cuarto por algunos minutos y a las 11.30 regresaba al restaurant para el lunch, que también tenía dos turnos. Servir la comida de los pasajeros no es nada sencillo y requiere de una gran organización pues, más allá de los horarios fijos de desayuno, almuerzo y cena, en un barco siempre hay lugares para comer. Y esos lugares siempre deben estar en condiciones de atender al cliente como es debido. Los decks, por ejemplo, siempre deben estar listos para proveerle a los pasajeros un café, un jugo o un croissant. Aunque a la gente mayor no le agrada comer en los puestos de los decks, ellos prefieren comer sentados y resguardados del viento o de alguna temperatura incómoda. Los mayores suelen ser clientes demandantes, y por momentos incluso algo molestos, pero es gente que obviamente paga y merece ser bien atendida. Así que allí estábamos los integrantes de la tripulación para satisfacer sus necesidades. Los jóvenes se escapaban a los salones del comedor y preferían quedarse a comer junto a la piscina en los grills y buffets que servían hamburguesas, ensaladas y pastas. Por lo tanto, a mí a veces me mandaban a trabajar a esos pequeños restaurants al aire libre. Yo siempre preferí trabajar de cara al sol: el ambiente es más relejado, se ve el mar, hay chicas en bikini y, a diferencia del restaurant donde debíamos tener chaqueta y el cuello tan cerrado que nos apretaba la garganta, allí uno podía desprenderse el primer botón de la camisa. Abajo iba la gente mayor y arriba todo era pura vida.

En fin, abajo se sobrevive, y arriba se vive y se disfruta.

Pero dejemos estas anécdotas de lado, les seguiré contando cómo transcurre un día en el barco.

Rondando las 2.30 de la tarde terminábamos todo lo concerniente al almuerzo de los pasajeros, y llegaba la hora del almuerzo de los tripulantes. La lógica indica que los tripulantes debemos comer lo que nos sirven en nuestra cafetería, pero esa comida no tan rica, así que lo que hacíamos era llevarnos algo de la comida preparada para los pasajeros. No era ni lo estipulado ni lo permitido, pero así sucedía, y nunca recibimos reproches por hacerlo.

Dos de cada tres días podíamos dedicar las tardes al

ocio y al descanso. ¿Por qué dos de cada tres? Porque el día restante debíamos turnarnos para servir el té entre las 4 y las 5 de la tarde. Eso era un auténtico fastidio, porque en vez de pasar la tarde en la playa o durmiendo la siesta, debíamos quedarnos trabajando para atender a veinte señoras mayores que deseaban tomar su tecito con masas. Las ganas que me daban de decirles:

—¿Qué hacen acá encerradas? ¡Vayan a disfrutar de la playa!

¡Y para colmo esas ancianas comían más que los adolescentes! ¡Qué manera de alimentarse!

Una vez que terminaba la hora del té, limpiábamos las mesas y llevábamos la vajilla para que la laven. Y desde las 5.30 a 6 de la tarde ya se empieza a montar la cena. El primer turno es de 6 a 7, y el segundo entre las 7.30 y las 9 de la noche.

En el barco se celebran diferentes cenas: la Cena de Gala (en la que se conoce al Capitán y al staff), el French Dinner, el Italian Dinner, el Caribbean Dinner, el American Dinner... y en cada una de ellas los meseros debíamos usar uniformes diferentes, lo que a veces se volvía engorroso.

Una vez terminado el segundo turno dejábamos el comedor impecable, y bajamos a la cafetería por nuestra cena. Y por supuesto que volvíamos a llevarnos del comedor de los pasajeros algún buen plato de mariscos o pescados para evitar nuestra comida.

A las 10 de la noche ya habíamos terminado de cenar, y ahí nos dividíamos en dos grupos: los que quedaban libres y los que debíamos trabajar en el Buffet de media noche. Y les aseguro que eso era aún peor que el té de la tarde, pues en vez de terminar el día de trabajo, había que regresar al restaurante, armar la mesa del buffet, decorarla, ordenar infinidad de platos, platitos y platones llenos de comida fría y caliente... y todo para apenas una veintena de pasajeros más algunos músicos y bailarines que terminaban de trabajar tarde en el night-club y querían cenar. Y ahí debíamos estar de las 12 a las 1 de la mañana.

En esas jornadas el día se estiraba demasiado, uno quedaba muy cansado. Me iba a acostar a la 1.30 de la mañana, y lo peor era saber que el día siguiente comenzaba a las 6.

Esa era la razón por la cual muchas veces yo le pagaba a algún compañero que precisara el dinero para que me reemplazara en esos buffet de media noche, para irme a disfrutar de alguna ciudad en la que pudiera despejarme. ¿Por qué quedarme arriba del barco si podía pasar el tiempo en bares y discotecas? Y yo no era el único que lo hacía. El maitre sabía que aquello no era correcto, pero nos dejaba hacerlo mientras siempre hubiese alguien que ocupara nuestro puesto y la atención a los pasajeros fuese la adecuada. El hombre nos conocía: sabía que éramos muchachos jóvenes que precisábamos salir y desestresarnos. Eso después haría que trabajemos mejor, sobre todo teniendo en cuenta una situación: entre los tripulantes no hay fines de semana, no existen los feriados. Se trabajan los treinta días del mes, y eso puede llegar a ser de veras desgastante.

Cuando yo empecé a trabajar en los barcos los contratos eran de un año. ¡Un año! Les aseguro que es mucho tiempo. Cuando llevas siete u ocho meses sin siquiera un día libre llegas al límite de tu capacidad, tanto el cuerpo como la mente te exigen un descanso, llega un punto en que ya no quieres ver a un solo pasajero y te cuesta levantarte por las mañanas. Entonces los sindicatos exigieron y acordaron con las compañías navieras que los contratos fueran de seis meses. Y que tras esos seis meses el empleado tuviera derecho a vacaciones de cuarenta y cinco días. Es cierto que esas vacaciones no eran pagas, pero no me importaba, porque en esos seis meses yo lograba ahorrar unos quince mil dólares, que en aquella época eran aún más que ahora. Y eso que al bajar en los puertos solía gastar en buena ropa, salidas nocturnas, etcétera, pero aun así lograba regresar a casa con ese dinero.

En suma, así es un día en altamar del tripulante de un barco. Aunque por supuesto que, tal como ustedes, queridos lectores, lo podrán comprobar al leer este libro, no hay nada menos rutinario que la vida en alta mar. Cada día, de un modo u otro, puede ser la puerta de entrada a una sorpresa. Y justamente de sorpresas y eventos inesperados seguiremos hablando en los próximos capítulos.

Caribe

Uno de los trayectos más usuales del Island Princess era el de recorrer el Caribe en cruceros de una semana. Partíamos de Miami, y tocábamos Saint Thomas, Santa Lucía, Granada, Aruba, Curazao, Barbados, Antigua, Saint Martin, Haití y República Dominicana, para después emprender el regreso otra vez rumbo a Miami.

En aquel regreso mío al Caribe fueron muchas las cosas que me llamaron la atención. De Saint Martin lo que más destaco es su influencia europea, y la fama que tenía su playa nudista.

—¿Están de veras todos desnudos? —pregunté la vez que me hablaron por primera vez de aquellas playas.

—Por supuesto —me respondió un compañero—. Ya lo

comprobarás cuando vayamos.

Grande fue mi sorpresa cuando al llegar descubrí que mi compañero ni mentía ni exageraba. Y debo reconocer que, tras alguna reticencia inicial, me adapté bastante bien a la experiencia. Es más: se volvió una bienvenida costumbre la de visitar esa playa nudista cada vez que tocábamos Saint Martin.

Como ya les conté en el capítulo dedicado al Starward, en general los tripulantes evitábamos bajar en Haití: es uno de los países más pobres del planeta. Todo Puerto Príncipe era, de principio a fin, como el sitio más feo que se pueda ver en cualquier ciudad latinoamericana, e imagino que no hay nada más que detallar.

Afortunadamente Haití era una excepción. Una de las siguientes escalas era Barbados, una isla moderna y bella, famosa por sus playas plácidas y a su vez exuberantes. Aún dentro de los altos estándares de las playas caribeñas las de Barbados se destacaban con creces.

Recuerdo que allí, una noche bien tarde, ya rondando las dos de la mañana, fui con algunos compañeros a una disco llamada Alexandra. Se nos hizo complicado entrar debido a la gran cantidad de gente, pero al fin pudimos lograrlo. El interior de la discoteca explotaba, no había un solo resquicio libre. Yo había ido a esa discoteca varias veces y jamás la había encontrado tan estallada de público. ¿A qué se debía tanto frenesí? Muy pronto tuve la respuesta.

Intentaba pedir un trago cuando un compañero me toca el hombro y me dice:

—¡Fíjate quién está ahí!

Yo miré hacia todos lados sin lograr reconocer a nadie.

—¡Ahí! —me dijo mi compañero—. ¡En la barra!

Y entonces creí distinguir a…

—¿Es Mick Jagger? —pregunté dubitativo.

Sí, lo era. El cantante de los Rolling Stones estaba acodado en la barra, tomando un trago junto a un séquito de gente a su alrededor.

Uno imaginaría que, de tener la rara posibilidad de cruzarse a una personalidad así, eso sucedería en Londres o Nueva York. Pero las caprichosas vueltas del destino hicieron que pueda ver cara a cara a Mick Jagger en una discoteca de una pequeñísima isla del Caribe. Intuyo que esa es una las tantas gratificaciones que brinda viajar.

Una de las cosas que más me gustaba hacer en el Caribe era practicar pesca submarina. Hasta me había comprado todo el equipo necesario. Apenas tenía la oportunidad, me liberaba de mis ocupaciones en el barco, iba al muelle, me ponía mis aletas y mis gafas, agarraba el fusil de pesca, y me zambullía a pescar.

Un mediodía, mientras nadaba y pescaba entre las rocas, me encontré ante nada menos que un cardumen de barracudas. No es necesario aclarar el peligro ante el que me hallaba. Las barracudas —su verdadero nombre es Esfirenos— son peces carnívoros que se destacan por atacar con gran rapidez, pues pueden alcanzar velocidades de hasta noventa kilómetros por hora, y su mordida es, lisa y llanamente, mortal. Y no eran unas pocas sino muchas. Es más, eran cientos de barracudas.

¿Qué hacer?, me pregunté aterrado. No podía huir, y eran tantas que atacarlas hubiese sido no solo inútil sino también ridículo.

El destino me guiñó un ojo, porque todas ellas pasaron a mi lado ignorándome por completo. Pero de todos modos mi miedo fue tan grande que cometí la insensatez de disparar. De puro milagro acerté y cacé una. Aún incrédulo ante la espantosa locura que acababa de vivir, salí del agua de inmediato. La suerte no debe ser tentada dos veces.

Al emerger noté que la barracuda que cacé era grande, enorme. Lo primero que hice fue sacarme una foto con ella, para que quede testimonio de que lo que me sucedió fue cierto. Lo que más me llamó la atención fueron sus dientes largos y afilados. De solo imaginarme a aquella barracuda furiosa y deseosa de atacar sentí un escalofrío recorriéndome el cuerpo de pies a cabeza.

Junto a mis compañeros del barco cocinamos a la barracuda en la playa. Mientras saboreábamos nuestro merecido almuerzo, un compañero me dijo:

—Has sido muy afortunado, Fulvio. La mordida de una barracuda es peor que la mordida de un tiburón. Bien pudiste haber muerto este mediodía.

Me limité a hacer silencio, agradecer mi buena suerte, y seguir comiendo.

Lo primero que me viene a la mente al pensar en Curazao son sus arrecifes y playas, sus sitios ideales para practicar buceo, y también su fuerte influencia holandesa palpable en cada rincón de la isla. Holanda está tan presente que en Curazao se encuentra una enorme fábrica de cerveza Heineken. Visitar aquella fábrica era un tour usual entre los pasajeros del Island Princess, así que un día decidí sumarme, y debo confesar que fue una gran experiencia descubrir todos los procesos que deben atravesarse para dar con tan deliciosa cerveza.

La capital de Curazao, Willemstad, se destaca por su bella arquitectura colonial de tonos pastel, y también por sus locales lujosos, joyerías y casinos. El centro histórico de la ciudad está tan bien conservado que fue declarado Patrimonio Mundial de la Humanidad por la Unesco. Su centro histórico está conformado por dos distritos llamados Otrobanda y Punda, y están divididos por la Bahía de Santa Ana. Para pasar de un lado a otro, las autoridades del lugar colocan un puente flotante hecho de infinidad de maderos unidos el uno al otro. Cruzar ese puente era toda una experiencia. La Bahía de Santa Ana, más allá de su belleza, se destaca por sus fuertes correntadas. Tal es así que junto a ella se levanta el Hotel Intercontinental, que es el único hotel del mundo con seguro en caso que lo atropelle un barco. ¿Por qué sucede algo así de llamativo? Porque más de un barco se acercó a la ciudad de un modo indebido y la corriente lo lanzó contra la orilla donde estaba ubicado ese hotel. En fin, sin dudas que se trata de un destino no apto para navegantes inexpertos.

La prostitución estaba bastante extendida en el Caribe, pero en Curazao había un sitio repleto de chicas que tenía la rara característica de estar controlado por el Gobierno. Su nombre era Campo Alegre y, aunque parezca mentira, recibía tours de turistas, como si se tratase de un museo o de alguna maravilla de la naturaleza imposible de obviar. El prostíbulo era de veras grande, y recibía gran cantidad de prostitutas de todas partes del mundo. Una vez, estando yo en España de vacaciones, manejaba por una carretera del sur de Andalucía cuando vi a dos chavas haciendo autostop.

—¿Quieren subir? —les pregunté tras detener el coche.

—Claro que sí —me dijeron con una sonrisa, y se sentaron en la parte trasera.

De inmediato noté que hablaban con acento venezolano.

—¿De dónde vienen, chicas?

—De Curazao —respondieron al unísono.

Entonces les pregunté con aire distraído:

—¿Conocen Campo Alegre?

De un segundo al otro las sonrisas desaparecieron. Era evidente que se incomodaron, se pusieron en alerta. ¿Y este qué sabe de nosotras?, se estarían preguntando por dentro.

Por supuesto que no quise contrariarlas, así que de inmediato cambié de tema, pero hubiese apostado un billete de los grandes a que trabajaban en Campo Alegre.

Pese a que Santa Lucía era una isla pintoresca, no era mucho lo que tenía para ver más allá de un par de resorts exclusivos con buenas playas, sin embargo, en Saint Thomas la pasaba bien, realmente bien. Era una isla con fuerte influencia norteamericana, por lo tanto, tenía un estilo y un ritmo más moderno que algunas de las islas vecinas. Saint Thomas tenía el agregado de ser una escala inevitable del crucero, pues era puerto franco, y eso hacía que todos los pasajeros quieran visitarla para comprar infinidad de productos con buenos descuentos.

Una de las siguientes paradas era Puerto Rico. Allí atracábamos en el viejo muelle de San Juan, donde había un buen número de bares —algunos de dudoso prontuario— que yo solía frecuentar. Jamás olvidaré lo que me sucedió en uno de ellos. Tras entrar atravesé las mesas —muchas ocupadas por mujeres bellas a la espera de quien se siente con ellas— y me acodé contra la barra y pedí un trago. A mi lado un hombre conversaba con el barman. La conversación fue escalando en volumen y no tardó en volverse una discusión. Estuve a punto de retirarme, pero me quedé donde estaba, dando por sentado que la situación no pasaría a mayores. Me equivoqué de principio a fin: no solo la discusión siguió creciendo, sino que... ¡de un segundo al otro el barman sacó una pistola y le disparó al hombre! Y todo esto sucedió delante de mí. Todos quienes estaban en el bar huyeron corriendo, y por supuesto que yo me uní a ellos. Creo que me bastaron unos pocos segundos para estar de regreso en al barco.

Lo que intento contar con anécdotas de este tenor, es que el Caribe de ensueño que ofrecen las guías turísticas es todo lo maravilloso que esas guías prometen. Pero también hay otro Caribe, uno secreto que se le oculta a los visitantes, y ese segundo Caribe es tan real como el primero. Sobre todo porque en él viven hombres, mujeres y niños que se esfuerzan por sobrevivir en un entorno tan paradisíaco como sórdido y peligroso. Creo que sería no solo positivo, sino también justo, comenzar a visibilizar a ese otro Caribe, ese que se oculta tras las fachadas brillantes que consume el turismo.

CAPÍTULO VII

De vuelta a Estepona

Cuando me casé con Lucía en 1985 dejé los barcos, ya que no es sencillo conjugar la vida en altamar con un matrimonio. Definitivamente me encontraba en un momento bisagra de mi vida. Toda una época de viajes y cruceros quedaba atrás y, pese a que tenía planes y proyectos, mi futuro era una incógnita.

Decidí permanecer un tiempo en la ciudad de México, en casa de sus padres, hasta que Lucía terminase su contrato en la empresa de aviación en la que trabajaba. Una vez que ella se liberó de esa ocupación nos fuimos a vivir a Estepona, y a poco de llegar compramos un departamento. Pero no bastaba con encontrar un lugar dónde vivir, también precisaba de una ocupación, algo que me brindara un sustento para el día a día. Tras pensarlo por un tiempo me decidí a montar un pub. Mis años de trabajo en el sector de restaurants de tantos barcos me daban la experiencia necesaria para dar tal paso.

Ser dueño de un pub no es un trabajo como cualquier otro. No se trata de entrar a la oficina por la mañana y salir a la tarde para reencontrarse con la familia, sino todo lo contrario. Los horarios son otros, las responsabilidades son otras, y las compañías… también son otras.

El pub abría a las tres de la tarde y cerraba a las dos de la mañana. Durante esas horas atendía a los clientes que venían a comer, a tomar algo, o a jugar a los dardos mientras veían alguna película o video en la gran pantalla de televisión que colgaba de una pared. Pero una vez que llegaban las dos de la mañana yo no regresaba a casa. Me quedaba con las cortinas bajas a la espera de quienes salían de las discotecas para prolongar la noche en mi bar. Y era entre las tres y las cinco de la mañana que yo ganaba buen dinero con todo el alcohol que a ellos les vendía.

Mi vida se volvía poco a poco una sucesión de días largos con noches interminables. Cuando al fin concluía mi jornada laboral, regresaba a casa rondando las siete de la mañana, siempre con alguna copa de más. Esto era inevitable, pues los clientes siempre te invitan un trago, y el dueño de un bar no puede decirle a un cliente con el que está conversando que no lo acompañará con un último brindis; beber es parte del trabajo, aunque parezca mentira.

Y a Lucía no le gustaba esa vida.

—Así no quiero seguir —me dijo una tarde.

—¿A qué te refieres?

—A lo que estás escuchando. Esto no es vida. Yo no soy feliz en este sitio.

Entendí de inmediato a qué se refería: Lucía jamás había logrado adaptarse a Estepona. No es sencillo dejar atrás a la ciudad de México con sus veinticinco millones de habitantes para pasar a un pueblo que tenía un solo cine que abría los fines de semana. Pero había más: Lucía también echaba de menos su familia y costumbres. Aunque también había otras cosas que la incomodaban:

—Tampoco me agrada la vida que llevas aquí, Fulvio —me dijo.

—¿Qué me quieres decir? —le pregunté, pese a que yo sabía muy bien a qué se refería.

—No te veo en todo el día. Llegas siempre tomado pasadas las siete de la mañana, duermes, te despiertas y regresas al bar. Esto no es la vida que yo deseo ni para mí ni para nosotros.

—¿Y qué propones hacer, Lucía?

—Regresar a mi país.

Tras pensarlo largamente llegué a la conclusión de que ella estaba en lo cierto. Así que cerré el bar, vendimos todo y estábamos a punto de regresar a México cuando sucedió algo inesperado.

Yo estaba convencido de que mis tiempos en altamar habían quedado atrás. Sin embargo, no era así. El destino deseaba demostrarme que aún me quedaban más aventuras por vivir. Porque el pasado, de un modo u otro siempre regresa. Y aquí debo regresar a Joan Manuel Serrat, a aquellos versos suyos, que dicen:

> *"… y uno se cree*
> *que los mató el tiempo y la ausencia.*
> *Pero su tren*
> *vendió boleto de ida y vuelta".*

Mi nueva aventura no sería en un barco cualquiera sino en uno de los más míticos que jamás hayan navegado los mares del mundo: el Queen Elizabeth 2.

La cuestión fue que ya había vendido mi bar cuando una tarde, mientras descansaba en casa, Lucía me entrega un sobre:

—El correo acaba de dejar esto para ti.

No era carta de ningún familiar o amigo, era una carta de proveniente de Inglaterra cuyo remitente era la compañía naviera Cunard, con la que yo había trabajado años atrás.

La abrí con cierta curiosidad, y leí:

Señor Fulvio de Col,

Le escribimos pues usted trabajó para nosotros por varios años en diversos cruceros con excelentes desempeños. Deseamos informarle que, en los próximos meses, nuestro barco insignia, el Queen Elizabeth 2, navegará la vuelta al mundo. Para ese viaje deseamos sumar a bordo a personal de calificada capacidad y experiencia. Contamos con un buen número de empleados jóvenes, sin embargo, precisamos de tripulantes de trayectoria con probados años de servicio en compañías navieras de renombre.

Por lo tanto, le informamos que nos agradaría poder contar con su experiencia a bordo de nuestro barco. La oferta que le hacemos, que de seguro será de su interés, la encontrará detallada en la siguiente página de la presente misiva, y de…".

No solo la oferta era de veras interesante, también me sentí honrado de que me tuvieran en cuenta para ser parte de la tripulación de semejante barco. Sin embargo, les dije que había dejado esa vida atrás, que ahora estaba casado, y que deseaba pasar mi tiempo en tierra junto a mi familia.

Para mi sorpresa al poco tiempo me llegó otra carta con una nueva propuesta: no solo insistían con su oferta para contratar mis servicios, sino que también me ofrecían contratar a mi esposa, así yo podía aceptar el trabajo sin tener que separarme de ella.

—¿Qué te parece, Lucía? —le pregunté—. Creo que lo que nos proponen merece ser tenido en cuenta.

—No sé, Fulvio. Tú estás acostumbrado a esa vida. Para ti volver a trabajar en un barco es como volver al hogar, pero para mí es un mundo nuevo. Y…

—Sí, te escucho.

—Acabamos de vender el bar. Estamos a punto de volver a México.

—Tienes razón, pero… escúchame con atención —le dije—. Tomemos este trabajo por seis meses, demos la vuelta al mundo gratis, y si no te gusta o no te sientes cómoda, nos bajamos.

Sentía que de a poco la estaba convenciendo, así que seguí adelante:

—Pese a estar trabajando tendremos tiempo para bajar en los puertos y recorrer ciudades y países con lo que jamás ni siquiera has soñado. Te aseguro que tras estos seis meses tendrás otro enfoque de la vida, uno muy diferente al que tienes ahora. Porque si algo te brinda la vida arriba de un barco es la posibilidad de ampliar tus experiencias y conocimientos. Y debo decirte algo más.

Ella me miró con ojos curiosos, y me dijo:

—¿Qué quieres decirme?

—Yo ya he hecho este viaje alrededor del mundo, te aseguro

que es único. Jamás en tu vida olvidarás esta aventura.

Y así fue que Lucía aceptó, y nos contrataron a ambos.

A la vuelta de la esquina nos esperaba nada menos que el Queen Elizabeth 2.

Nos esperaba nada menos que el mundo.

El mundo en todo su esplendor.

Queen Elizabeth 2

El Queen Elizabeth 2 es uno de los grandes transatlánticos de la historia naval inglesa, y fue llamado, así como un modo de honrar a su predecesor, el Queen Elizabeth. Fue construido en astilleros de Escocia, su primer pasajero civil fue el príncipe Carlos, y a partir de 1969 realizó la ruta Southhampton-Nueva York, aunque con los años comenzó a realizar otros trayectos cada vez más extensos.

Al momento de su construcción fue considerado como el barco del futuro. Su pomposa publicidad aseguraba que "Lo único que tiene en común con las otras naves es que flota".

El Queen Elizabeth 2 surcó los océanos del mundo entre 1969 y 2008, convirtiéndose en sinónimo de elegancia, refinamiento inglés y lujo; hasta que ancló definitivamente en Dubai con el fin de ser convertido en un hotel flotante.

Al momento de su retiro, se calcula que el Queen Elizabeth 2 había transportado a más de dos millones y medio pasajeros, navegado seis millones de kilómetros y realizado 806 viajes transatlánticos. Y al día de hoy es considerado no solo uno de los barcos de pasajeros más renombrados, sino un auténtico ícono de la historia de la navegación.

Southhampton – Nueva York

Antes de comenzar con la vuelta al mundo emprendimos dos recorridos clásicos del Queen Elizabeth 2: el trayecto ida y vuelta de cinco días entre Southhampton y Nueva York.

Eran viajes pesados, muy diferentes a los cruceros a los que yo estaba acostumbrado. Aquí no había ni playas, ni sol, ni puertos en los que atracar para recorrer bares y discotecas. El Queen Elizabeth 2 realizaba fríos viajes de línea en los que se cargaban dos mil personas en Inglaterra para descargarlos al otro lado del Atlántico; esa misma noche subían otros dos mil pasajeros, y de regreso a Southhampton. No era gente que subía al barco con el fin recorrer, conocer y disfrutar; era mero transporte, de lujo pero transporte al fin. Y a diferencia de los cruceros que recorrían apaciblemente el Pacífico mexicano, el Queen Elizabeth 2 iba a máxima velocidad. Y, aunque parezca mentira, era un barco que tenía problemas de hélices, por lo tanto, vibraba mucho. Yo compartía un camarote en popa junto a tres compañeros ingleses, y los movimientos y ruidos me dificultaban descansar como era debido. Y para peor mis actuales compañeros nada tenían que ver con aquellos entrañables amigos que me habían acompañado en mis días del Pacific Princess. Estos solían tomar de más, fumaban en exceso, y tenían códigos y costumbres diferentes a las que yo estaba acostumbrado. ¿Por qué yo compartía camarote con ellos y no con Lucía? Porque la compañía no cumplió con lo prometido de que con Lucía tendríamos un camarote solo para nosotros. Pero con Lucía encontramos la manera de solucionar, aunque sea en parte, ese inconveniente: ella tenía la llave maestra de los camarotes, y sabía qué habitaciones estaban libres, así que solíamos irnos a dormir juntos a alguna de ellas, por la mañana dejábamos la cabina impecable, y nadie se enteraba de nuestra travesura.

Lucía tenía acceso a esa llave maestra porque le asignaron un puesto como cabinista: tenía a su cargo unas quince cabinas a las que limpiar, ordenar y hacer las camas. Pero la verdad es que ella no era la indicada para ese puesto, pues no hablaba inglés, y los pasajeros a veces quieren hacerles preguntas y consultas a los tripulantes. Por lo tanto, y para beneficio tanto de ella como de los pasajeros, le consiguieron un puesto como cabinista de tripulación. El trabajo era el mismo, pero en vez de hacerle las cabinas a los pasajeros, debía hacérselas a los empleados del barco. Aunque no a los empleados rasos sino a las bailarinas y los encargados de animar los shows.

—Ahora estás más cómoda, ¿no es así, Lucía? —le pregunté tras su primer día en su nueva ocupación.

—Sí —me dijo—. Y tengo el presentimiento de ganaré buenas propinas.

No se equivocó. No solo se adaptó bien al cambio, sino que pronto comenzó a recibir buen dinero extra, y encima las bailarinas le regalaban cosméticos y bienvenidos presentes.

En tanto, yo era capitán de meseros. Ya no debía atender ninguna mesa, mi responsabilidad era controlar cómo los meseros realizaban ese trabajo. Y de vez en cuando le acercaba a alguna mesa algún postre especial, o servía el caviar, o descorchaba una buena botella de vino o champagne. También estaba al tanto de pequeños pero fundamentales detalles, como que el caballero diabético de la mesa seis pudiera disfrutar del postre adecuado, o que no le sirvieran carne a la señora vegetariana de la mesa veinte. Mis años de experiencia tras tantos años de trabajo como mesero me permitían dominar esa labor a la perfección, tenía muy en claro cómo tratar y supervisar a los mozos, y cuándo y cómo debía hacer mi pequeño show para complacer a los pasajeros para así ganarme suculentas propinas.

Porque en aquellos tiempos las propinas eran de veras significativas, y eso sucedía por una razón muy sencilla: los pasajeros de antaño en poco se asemejaban a los de ahora. Hoy en día cualquier persona de clase media paga un crucero en largas cuotas con su tarjeta de crédito y accede a un viaje en barco. Eso era impensable cuarenta años atrás. En ese tiempo solo las personas de dinero accedían a barcos como el Queen Elizabeth 2. Por lo tanto, las costumbres, las rutinas, las vestimentas y los modos, eran otros. No quiero decir que fueran mejores o peores, pero eran otros. E innegablemente las propinas eran superiores, lo que me permitía hacer una considerable diferencia económica.

En relación al dinero recibí otra buena noticia: mi contrato indicaba que sueldo sería de USD$S1500 al mes. Pero tras los primeros treinta días descubrí que me estaban pagando USD$S3000, exactamente el doble de lo estipulado.

Al comienzo no supe qué hacer, pero opté por comportarme cómo es debido y bajé a la oficina de personal para señalarles que me estaban pagando de más.

—Estos pagos vienen telegrafiados de Londres —me indicó el encargado—. Si tiene algún reclamo diríjase a ellos.

Por supuesto que no les avisé nada. Yo ya había cumplido con mi deber al avisar de aquel error en la oficina de personal, así que cobré por esos seis meses de trabajo nada menos que el doble de lo que me correspondía. Resultó un buen aliciente, ya que el viaje que nos aguardaba estaría conformado por momentos de felicidad y descubrimiento, pero también por otros menos gratos, que ya detallaré.

El Triángulo de las Bermudas

El Triángulo de las Bermudas es mundialmente tan famoso que ya se puede decir que es parte de la cultura popular. Sin embargo, en más de un aspecto, sigue rodeado por una bruma de misterio.

Para definirlo de un modo técnico debiéramos decir que estamos hablando de un triángulo cuyos vértices son Puerto Rico, Miami y las Islas Bermudas. Y el término Triángulo de las Bermudas fue idea de algunos periodistas que, hacia 1950, escribieron un buen número de notas alertando sobre las numerosas desapariciones tanto de barcos como de aviones ocurridos en esa área. Es el día de hoy que los científicos y estudiosos del tema no terminan de ponerse de acuerdo en relación a cuál es la causa de tantas tragedias. ¿Fuertes corrientes marinas? ¿Huracanes? ¿Campos magnéticos que afectan los controles de las naves? ¿Tormentas tropicales violentas y repentinas? ¿Portales que conducen a otras dimensiones? Tal vez jamás lo sepamos. Pero hay algo que ni el científico más reputado podrá negarme: mi propia experiencia al atravesar el Triángulo de las Bermudas. Y aquí lo contaré tal cual sucedió.

Eran las siete de la tarde, y yo estaba atendiendo la mesa del Capitán en pleno servicio. El comedor del barco era un hervidero de ochocientas personas comiendo y unas ciento cincuenta tripulantes atendiéndolos. Y aunque ninguno de nosotros estaba pendiente de ello, el barco atravesaba el corazón del Triángulo de las Bermudas.

De pronto se escuchó un sonido extraño que jamás había escuchado ni jamás volví a escuchar en toda mi vida, como un eco infinito de campanas desvaneciéndose. Se apagaron las luces, y segundos después se detuvo el motor del barco. Podrán imaginar la alarma que una situación así produce en alta mar. Se encendieron los focos lumínicos de emergencia, y con ellos los señaladores verdes que indican qué dirección se debe tomar para abandonar el salón de modo calmo y ordenado.

El Capitán soltó una mueca de preocupación, se levantó y dijo:

—Voy ya mismo al puente de mando.

Pocos minutos más tarde el Capitán les habló a todos los pasajeros y tripulantes del barco desde los parlantes distribuidos en toda la embarcación:

—Señoras y señores, les pido una disculpa por lo que acaba de suceder. Nos encontramos atravesando el punto central del Triángulo de las Bermudas. Se acaban de apagar de modo inesperado todos los motores del barco, y el motor auxiliar no entra en funcionamiento. Estamos flotando a merced del mar.

Se escucharon murmullos de preocupación entre los pasajeros. Algunos parecían entrar en pánico, otros pedían por favor silencio para poder seguir atentos a lo que el Capitán decía:

—Les ruego por favor que nadie caiga en temores infundados. No hay ningún peligro porque el mar se encuentra calmo y la noche despejada. En pocos minutos comenzará a hacer calor pues no funcionan los aires acondicionados, por lo tanto, los invito a salir a cubierta y disfrutar de la tranquilidad del mar y el cielo estrellado. Les aseguro que será un espectáculo que no olvidarán. Nosotros, en tanto, seguiremos trabajando hasta que el barco recupere su habitual funcionamiento.

Recorrí medio barco hasta encontrarme con Lucía.

—¿Te encuentras bien, Fulvio? —me preguntó.

—Sí —le dije—. Ven, vamos a cubierta.

Fuimos al deck de los tripulantes, todos nuestros compañeros estaban allí. Nos llevó apenas segundos comprobar que el Capitán estaba en lo cierto: el mar era una mesa de billar de color verdoso. Y al estar varados en plena noche de Atlántico sin ninguna luz artificial alrededor, el cielo era un espectáculo en sí mismo. Se asemejaba a una inconmensurable bóveda negrísima, pero las estrellas —miles de estrellas— refulgían como diamantes, centelleaban vivaces, parpadeaban. Y por momentos relucían chispazos blanquecinos, que no sé si serían cometas o tal vez estrellas fugaces.

—¿Alguna vez contemplaste algo así? —me preguntó Lucía, tomándome de la cintura.

—Jamás.

Y no mentía. En tantos años de recorrer mares jamás había observado un espectáculo así de cautivante. Ninguno de los pasajeros de aquel barco olvidaremos jamás esa experiencia. Imposible desprenderse de ese cielo que nos arropaba y hechizaba en partes iguales.

En ese instante se me cruzó una idea loca, propia de un autor de libros de fantasía:

—Estamos en el mismo centro del Triángulo de las Bermudas, ¿no iremos a desaparecer?

Y sé que no fui el único que pensó aquello. ¿Acaso podía ser simple casualidad que tanto los motores como todo el modernísimo el sistema eléctrico del Queen Elizabeth 2 se detengan misteriosamente mientras atravesábamos el centro del Triángulo? Sin embargo, nadie tuvo miedo, no se vivió ninguna escena de pánico. La paz y el silencio eran totales, a excepción de la gente que hablaba en susurros, como no queriendo quebrar la extraña calma que nos envolvía.

Así estuvimos toda la noche, detenidos a merced de la marea y las brisas. Y por la mañana temprano, cuando ya todos habíamos regresado a nuestros camarotes, sentí que Lucía me despertaba:

—Escucha, Fulvio. Ha vuelto la normalidad.

Estaba en lo cierto: el motor se encendía, las turbinas del barco comenzaban nuevamente a girar.

Minutos después se oyó la voz del Capitán decir:

—Me complace anunciarles que el Queen Elizabeth 2 ya se encuentra otra vez rumbo a destino. Les pedimos disculpas por las molestias ocasionadas y espero hayan disfrutado de esta noche especial. A partir de ahora el barco retomará su marcha a toda máquina para recuperar el tiempo perdido y así poder cumplir con el itinerario.

En suma, los estudiosos de los cielos y los mares seguirán sin ponerse de acuerdo en lo que tenga que ver con los misterios que rodean al famoso Triángulo de las Bermudas. Pero es seguro que ninguna de los miles de personas que estuvimos aquella noche en el Queen Elizabeth jamás olvidaremos lo sucedido la vez que atravesamos —y nos detuvimos por una noche entera— en el mismo corazón del famoso y temido Triángulo.

La vuelta al mundo

Tras realizar dos veces el viaje Southhampton-Nueva York, llegó el turno del premio mayor: la vuelta al mundo.

No es sencillo detallar el itinerario, pues es casi infinito, pero diré que tocamos los puertos de Ciudad del Cabo, Morea, Bora Bora, Tonga, Bombay, Singapur, Manila, Pattaya, Bora Bora, Pekin, Sidney, Port Elizabeth, Adelaida, Perth, Auckland, Yokohama…

Yo ya había hecho ese viaje en 1973 a bordo del Kungsholm. Sin embargo, ahora la experiencia sería otra. Habían pasado nada menos que catorce años, y en ese tiempo no solo yo había cambiado —basta con decir que ya no era aquel jovencito inconsciente sino un hombre casado—, el mundo también era otro. Se suele decir que no hay que volver a los sitios donde se fue feliz. Yo contradeciría a aquella frase, y muy pronto sabría si aquello era una buena o mala decisión. Lo que sí era seguro era que me había llegado el momento de redescubrir el mundo con nuevos ojos.

Pattaya

Ya llevábamos semanas navegando océanos y mares, y estábamos bien adentrados en el Índico cuando nos llegó el turno de atracar en Pattaya. Aunque parezca mentira, a Pattaya le bastaron apenas unas pocas décadas para pasar de ser una apacible aldea de pescadores a convertirse en una de las ciudades más importantes no solo de Tailandia sino de Asia. Hoy es un gran centro comercial muy demandado por los turistas de todo el mundo debido no solo al templo de Wat Phra Yai —en el que se destaca el famoso Buda dorado de dieciocho metros de altura— sino también por sus magníficas playas y su agitada vida nocturna repleta de bares, restaurants y cabarets.

Llegamos a Pattaya por la mañana. Como el muelle aún estaba en construcción, pronto al Queen Elizabeth lo rodearon unos barquitos que serían los que nos llevarían a tierra firme.

De inmediato descubrimos que debíamos ser cuidadosos: sobre una ancha avenida rentaban motos grandes, unas llamativas Kawasakis de buenas cilindradas. Pero resultaba ser que quienes rentaban esas motos estaban acordados con la policía del lugar, y apenas uno salía a la calle, la policía te detenía y te multaba con cien dólares por circular a alta velocidad.

Tras caminar unas pocas cuadras se llegaba a la calle principal de Pattaya: una masa de cemento horizontal plagada de todos los negocios posibles e imaginables, y todos atestados de gente que entraba, salía, compraba y vendía. De todos esos locales había uno que destacaba por encima de todos: un bar inmenso, con incontables mesas ubicadas en torno a un...

—¿Un ring? —me pregunté a mí mismo sin poder creer lo que veía.

Sí, no me equivocaba. En el medio del gigantesco bar había un ring.

Pronto me explicaron que allí se realizaban peleas de box tailandés. Un compañero del barco me explicó de qué se trataba aquello:

—Es como el boxeo tradicional, Fulvio. Pero infinitamente más salvaje, ya que aquí puedes golpear también con los pies, las rodillas y los codos. Es uno de los deportes más peligrosos y violentos, al punto que es ilegal en la mayor parte de los países del mundo.

Pero las sorpresas no terminaron allí. El bar tenía un equipo de luchadores que desafiaron a combatir a los tripulantes de nuestro barco. Aquello me pareció insólito, di por sentado que mis compañeros rechazarían la oferta, pero para mi sorpresa algunos dijeron que sí. Es cierto que el barco tenía un gimnasio exclusivo para los tripulantes, y que allí solían entrenar muy concienzudamente varios de mis compañeros, en especial los ingleses. Y también es cierto que los luchadores tailandeses, pese a tener aspecto aguerrido, era bastante pequeños. Sin embargo, de inmediato tuve un mal presentimiento.

La conclusión fue que diez de los tripulantes del Queen Elizabeth aceptaron el desafío a subirse al ring ante la sorpresa de un buen número de pasajeros del barco que ocupaban las mesas del bar.

Algunos de mis compañeros estaban confiados: los nuestros eran grandes y fornidos, tenían mayor altura y alcance. Y como antes señalé, los tailandeses eran de veras pequeñitos.

Nadie podía prever lo que sucedería a continuación.

Los chiquitos noquearon a todos los nuestros. A absolutamente todos. Es más, ninguno pasó del segundo round.

Las peleas fueron una auténtica salvajada de golpes y patadas de todo tipo —todas de los locales a los visitantes, por supuesto—, y el entorno potenciaba el clima hostil: centenas de mesas ocupadas por un público que se enardecía más y más con cada nocáut. Toda aquella locura me remitió a las escenas más pavorosas de El francotirador, quien vio esa película comprenderá a la perfección a qué me refiero.

Pero, aunque parezca mentira, Pattaya seguiría sorprendiéndonos. Por la noche le propuse a Lucía ir a una discoteca.

—Claro que sí, ¡vamos! —dijo ella.

Al entrar noté que todas las meseras estaban vestidas al estilo marineras, pero en minifaldas. No les presté demasiada atención, y comencé a bailar con Lucía. En un momento una voz anunció a través de los parlantes:

—¡Todos por favor a sentarse que comienza el show!

Así que nos ubicamos en nuestra mesa sin tener la menor idea de qué veríamos. ¡Resultó ser un show pornográfico! Todas las meseras se desnudaron y se pusieron a hacer tabledance. Pero eso no fue todo: una mesera, totalmente desnuda, se sentó entre Lucía y yo, y comenzó a acariciarnos las piernas con actitud seductora.

—¿Y esto qué es? —me preguntó Lucía, tal vez sospechando que yo sabía que en ese bar realizaban espectáculos de ese tipo.

Y yo, que de veras no sabía nada, alcé los bazos y le dije:

—No sé. Estoy tan sorprendido como tú.

Y yo no era el único: el resto de los pasajeros y tripulantes del barco que habían asistido a ese bar estaban tan descolocados como nosotros.

Pagamos la cuenta, nos retiramos, y nos fuimos a cenar a un restaurant ubicado en una terraza ante el mar. Todos los meseros también estaban vestidos de marineros, pero por suerte ahí no hubo ningún show subido de tono. La entrada del restaurant tenía la fisonomía de una gran pescadería repleta de todo tipo de pescados, mariscos y todo tipo de productos de mar.

—Mira estos ostiones —le señalé a Lucía.

—¡Son inmensos!

Así que disfruté de un abundante plato de esos ostiones sin

tener la menor idea de las consecuencias que ello tendría.

Dos horas más tarde regresamos al barco. Pese a que era bien de noche, yo no tenía sueño, así que le propuse a Lucía ir a curiosear a la librería. A poco de entrar escuchamos el sonido de la cerradura cerrándose. Corrimos a la puerta, pero era tarde. ¡Algún empleado del barco había cerrado la librería por fuera! Golpeamos la puerta, pero nadie parecía oírnos.

—¿Qué hacemos? —nos preguntamos.

No nos quedaba más que esperar hasta la mañana, así que nos acostamos en el sofá y… sucedió lo inesperado: comencé a sentir fuertes retorcijones en el estómago.

—Me siento mal, Lucía.

—¿Qué te sucede?

—Me duele la panza. Me duele mucho. Creo que esos ostiones me han caído pésimo.

Sentí la urgente necesidad de ir al baño, aunque… imagino que no es necesario mencionar que no había ningún baño en la librería. Los baños estaban afuera, y la puerta se hallaba cerrada con llave.

Pocas veces en mi vida sentí tal desesperación.

Dios mío, ¿qué hacer?

La respuesta fue inmediata: me hice encima. Y no una vez sino varias. Mi descompostura era atroz.

Pobre de mí, y también pobre Lucía, que debió presenciar una situación muy poco gratificante.

Como podrán imaginarse, queridos lectores, aquella fue una noche larga. De las más largas que padecí en toda mi vida.

Por la mañana abrieron la puerta, yo corrí al doctor, y me pusieron fuera de servicio por tres días. Tenía una infección en el estómago producto de los ostiones.

Fue una experiencia horrible. Y les ruego un favor, queridos lectores, evítenme la incomodidad de tener que describirles en qué estado quedó la pobre librería.

Las islas del Pacífico Sur

No sé si existe el paraíso, pero de existir tal vez se parezca mucho a algunas de las islas del Pacífico Sur. Papeete, Moorea, Bora Bora —todas pertenecientes a la Polinesia Francesa—, son bellas hasta la exasperación. Están conformadas por playas de encanto bañadas por agua turquesa, bahías que parecen pintadas por un artista, arrecifes de coral, y una fauna y flora rica y colorida.

Tal vez el secreto de tanta belleza, más allá de estar bendecidas por la naturaleza, sea que son islas casi vírgenes, y en eso mucho ayuda que no hayan vuelos directos hacia ellas. No existen los vuelos Nueva York-Bora Bora, o Milán-Bora Bora. En indispensable hacer escala en una ciudad cercana y de ahí tomar un barquito que te acerque, lo que genera cierta incomodidad de traslado y eleva los costos del viaje, lo que aleja a las grandes masas de turistas que a veces suelen estropearlo todo. Y para colmo son islas con pocos resorts y caros, destinados a un público exclusivo.

La influencia francesa era notoria, al punto que en ellas no solo se hablaba (y se sigue hablando) en francés, sino que en ese tiempo la moneda era el Franco. Bastaba con poner un pie en Papeete para encontrarse con unos kiosquitos que servían deliciosas crepes de banana, chocolate… Uno se sentía al pie de la Torre Eiffel, ¡pero con las mejores playas del mundo al alcance de la mano!

Recuerdo que durante la Vuelta al Mundo en barco que

hice antes del viaje que estoy relatando junto a Lucía, fuimos con tres o cuatro compañeros a un night-club de Papeete repleto de mujeres guapas hasta la exasperación. Mis amigos inmediatamente acapararon a varias de ellas, y yo opté por quedarme solo a un costado. ¿A qué se debió mi repentina timidez? No podría explicarlo con sencillez, pero diré que (más allá de lo atractivas que eran esas mujeres) hubo algo que me despertó cierta duda, como una sospecha. La cuestión es que los minutos pasaban y mis amigos disfrutaban mientras yo en soledad tomaba un trago en la barra. De pronto me asustó un ruido. Miré hacia atrás y descubrí a unos de mis compañeros empujando a una de las chicas sobre una mesa. No entendí qué era lo que sucedía hasta que oí a mi amigo gritar:

—¡Es un travesti!

Efectivamente eran todas eran travestis. Travestis españolas que iban en buen número a trabajar allí porque los tahitianos adoran a los travestis.

En ese momento comprendí la razón de mis sospechas, y me felicité a mi mismo por haber mantenido la distancia. Aunque debo reconocer que eran de veras bellas, tan solo las delataban las manos grandes y la voz gruesa.

Hong Kong

Tras tantos años en altamar debo decir que la bahía de Hong Kong es la más impresionante del mundo. No la más bella, pero sí la más impactante. Estar en la cubierta de un barco, insertarse de a poco en ella, y descubrir a sus infinitos rascacielos iluminados acribillando el horizonte es abrumador.

La pequeña isla de Hong Kong, geográficamente hablando,

pertenece a China, pero debido a su condición de antigua colonia británica, es considerado un territorio autónomo. Su independencia sumada a una economía de libre mercado enfocada al sector servicios, la volvió un epicentro económico mundial. Su puerto tiene una vital importancia en toda Asia, y la ciudad es cuna de todas las empresas de peso que existen en el mundo. Bien podríamos decir que, debido a su particular historia, Hong Kong resume en sí misma la combinación de un estilo de vida de influencias occidentales, con costumbres y valores típicos de oriente.

Por lo tanto, era inevitable que, al llegar y tener la tarde libre, con Lucía decidamos bajar del barco para recorrer la ciudad.

Hong Kong era una locura de personas ocupando cada resquicio posible entre un mar de edificios encimados uno encima del otro. Vislumbrar el cielo o el horizonte era una utopía: todo era consumo, cemento y carteles luminosos.

Tras caminar algunas cuadras nos llamó la atención un foodtruck estacionado en la calle y rodeado de sillas y mesas plegables. Mucha gente comía ahí. Al rodearlo noté que en su parte trasera el camión tenía amarrados una veintena de perros.

—Mira qué simpático —le dije a Lucía—. Por lo visto esta gente ama a sus perros. Salen a pasear con ellos, y los dejan aquí mientras almuerzan o cenan.

Seguimos recorriendo la isla, y nos dejamos impactar por el frenesí de modernidad que nos rodeaba.

Al regresar al barco volvimos a pasar por donde estaba ubicado el foodtruck. Y notamos que ya no había veinte perros sino solo tres. Y las mesas seguían tan ocupadas de comensales como un par de horas atrás. Entonces me detuve a observar todo aquello con mayor atención.

—Dios mío —murmuré.

—¿Estás pensando lo mismo que yo? —me preguntó Lucía, sujetándome con fuerza de un brazo.

No fue necesario responderle.

Aquellos perros no eran mascotas… ¡Aquellos perros eran el alimento de quienes comían en ese restaurant callejero!

De solo recordarlo se me vuelve a revolver el estómago. Es cierto que cada país tiene sus costumbres, y uno debe ser respetuoso de ellas. Pero la verdad es que no siempre es sencillo acostumbrarse.

Última escala: Yokohama

Al llegar el Queen Elizabeth a la ciudad de Yokohama, en Japón, ya habíamos cumplido los seis meses de contrato. Y la ley indica que una vez transcurrido ese tiempo el empleado tiene derecho no solo a terminar sus obligaciones laborales, sino también a que la compañía naviera le pague el boleto de regreso a su país.

A enterarse de ello, Lucía me dijo:

—Ya no quiero seguir trabajando, estoy cansada. Volvamos a casa.

Así que fuimos a la oficina de personal del barco a indicar que queríamos desembarcar. Grande fue nuestra sorpresa cuando nos dijeron:

—Imposible. No se puede.

Yo no era un improvisado en esas cuestiones, eran muchos mis años de trabajo en cruceros, por lo tanto, no pensaba dejarme avasallar.

—¿Cómo qué no? Si ambos ya terminamos nuestros contratos, no nos pueden retener a la fuerza.

Ante mi firmeza, el empleado llamó al Capitán, que para mi sorpresa vino con un libro que era algo así como La Biblia de los Mares, y dijo:

—Ustedes no se pueden bajar aquí porque estamos muy lejos. Deben bajarse dentro dos meses cuando lleguemos de regreso a Inglaterra.

—¿Dos meses? No, señor —dije con respeto, pero también con firmeza—. Eso sí, si usted quiere que sigamos hasta Inglaterra lo haremos. Pero no será trabajando, será como pasajeros.

—De ninguna manera. Ustedes tienen que trabajar, y si no acatan estarán sujetos a caer en prisión bajo la ley de la Corona Inglesa.

—Nosotros no estamos sujetos a nada porque tanto mi esposa como yo hemos cumplido con la totalidad del tiempo de trabajo estipulado en el contrato que firmamos. Por lo tanto, es nuestro derecho desembarcar, y es obligación de ustedes pagarnos el viaje de regreso a casa. Es más, ahorita mismo vamos a dejar el barco.

Y apenas terminé de decir eso, nos retiramos a nuestros camarotes, preparamos nuestras maletas, y bajamos del barco.

Estábamos en el muelle de pie junto a nuestras maletas a la hora en la que el Queen Elizabeth debía partir cuando se hizo presente un oficial de migración japonés, que es quien le da vía libre al barco para que pueda partir, y le indicó al Capitán que el barco no podía partir si dejaba en tierra a dos pasajeros que no tenían permiso de estadía en Japón, pues la ley japonesa no lo permite.

—De ninguna manera —respondió el Capitán.

El oficial insistió:

—Solo autorizaré al barco a zarpar si la compañía naviera les expide a estas dos personas un boleto de avión para que puedan regresar a su país en menos de cuarenta y ocho horas.

El Capitán dijo que nos dejarían ahí, y dio orden de desamarrar el barco, pero el oficial no lo permitió.

—¡Usted será el Capitán del barco, pero yo soy el Oficial de Migración de Japón y estoy a cargo de esta situación! ¡Si usted pretende desamarrar el barco antes debe acatar mis órdenes!

Ante la intransigencia del Oficial, el Capitán se volvió loco, comenzó a gritar y perdió toda compostura. Me llamó la atención su reacción, alguien de su rango no debiera perder los modos de semejante modo. Y entre tanta tensión, sucedió algo gracioso: desde lo alto del barco mis compañeros contemplaban el espectáculo, y me saludaban al grito de:

—¡Adiós! ¡Adiós, Fulvio! ¡Adiós, Lucía!

En tanto el conflicto no se destrababa. Ni el Oficial ni el Capitán cedían es sus posturas, y el barco, que ya debía haber zarpado, seguía amarrado al muelle de Yokohama.

Tras largos minutos de tensa incertidumbre, y ante la dura postura del Oficial, el Capitán al fin cedió, porque apareció ante nosotros un empleado de la compañía naviera con dos boletos de avión. El Oficial se tomó su tiempo para revisarlos con detenimiento, y una vez que comprobó que todo estaba en orden, habilitó la partida del Queen Elizabeth 2.

Con Lucía nos quedamos un rato más en el muelle, viendo a la nave alejarse, mientras entre risas nos saludábamos mutuamente con nuestros compañeros.

—¡¡¡Adióooos, compañeros…!!!

—¡¡¡Adiós, Lucía!!! ¡¡¡Adiós, Fulvio!!!

Así de accidentada fue nuestra despedida del Queen Elizabeth. Aunque aún nos faltaría superar algunos pequeños escollos para lograr regresar a casa.

El regreso

El empleado de la compañía nos consiguió un hotel donde pasar la noche en Yokohama, y por la mañana nos facilitó el transporte rumbo a Tokio, pues nuestro avión partía desde ese aeropuerto.

Pero, aunque parezca mentira, nos esperaba otro contratiempo. Al día siguiente los empleados del check-in del aeropuerto nos informaron que no podíamos partir.

—¿Por qué? —pregunté preocupado.

—Tienen sobre equipaje.

Aquello no me sorprendió. Lucía tenía por costumbre comprar infinidad de cosas en cada puerto al que bajábamos. Más allá de nuestra indumentaria, cargábamos con infinidad de máscaras, escudos, ropa, figuras de marfil… es imposible detallar todo lo que cargábamos. Así que nos encontramos con que nos restaba una hora para el despegue de nuestro avión, y nosotros con dos maletas de más.

No nos quedó más remedio que despachar aquello por Air Cargo, que por suerte tenía una oficina en el subsuelo del aeropuerto. Nos atendieron dos empleados muy amables que nos explicaron que ya era tarde para realizar ese despacho.

—Yo no quiero perder mis souvenirs —dijo Lucía, apenada.

El tiempo apremiaba. Si no corríamos ya mismo rumbo al check-in perderíamos nuestro vuelo. Imaginé al Capitán del barco disfrutando de esa situación, así que supe que debía apurarme. Coloqué cien dólares sobre las maletas

—recordemos que en ese tiempo era aún más dinero que ahora—, junto a una nota con mi dirección en España, y les dije a los dos empleados:

—Les agradeceré mucho si hacen el esfuerzo de enviarnos estas dos valijas. En caso que no puedan hacerlo, tanto el dinero como el contenido de las maletas es para ustedes.

La tomé a Lucía de la mano y nos fuimos corriendo al avión sin saber qué sucedería con esas valijas.

Por suerte pudimos embarcar justo sobre la hora, creo que fuimos los últimos pasajeros en subir al avión.

Cuando apoyé la nuca contra el respaldo del asiento repasé lo sucedido en las últimas veinticuatro horas. Había pasado de estar trabajando en el Queen Elizabeth rumbo a Yokohama, a estar recién subido a un avión en Tokio de regreso a Europa.

Aquello se había vuelto una aventura. Pero a la aventura aún le faltaba un último capítulo, porque lo que vino después fue el vuelo más largo que hice en mi vida: un día entero arriba del avión. Volamos de Tokio a Málaga, con una interminable escala en Bruselas. El avión iba repleto al máximo y nosotros estábamos ubicados en fila del centro. Para poder ir al baño debían moverse cinco personas. ¡Me dolían partes de cuerpo que ni sabía que tenía!

Pero al fin llegamos a casa, y ese instante se asemejó mucho a arribar al paraíso, a un paraíso aún más bello que el de la más bella isla del Pacífico Sur.

La Vuelta al Mundo a bordo del mítico Queen Elizabeth 2 había concluido. Y, más allá de los inesperados contratiempos, debo reconocer que el balance fue positivo.

Al comenzar este capítulo señalé que todo viaje tiene por principal finalidad acumular conocimientos y experiencias, y más aún un viaje de semejante calibre. Y sin dudas que el objetivo estuvo cumplido. No solo por mí, sino también por Lucía, que tuvo la oportunidad de recorrer infinidad de geografías que no conocía.

Ah, aún queda algo más por decir: tres días después de nuestra llegada a casa, arribaron nuestras dos maletas. No faltaba nada. Y cada pequeña cosita que Lucía había comprado estaba envuelta individualmente con un plástico esponjoso para que nada se fuera a romper. Esos muchachos japoneses hicieron un trabajo sensacional. Son varios los países del mundo en los que intuyo no nos hubieran atendido de tal manera.

FINAL

ÚLTIMO PUERTO

En la introducción señalé que deseaba escribir este libro para dejar testimonio de todo lo que experimenté en mi vida como tripulante de tantos barcos. Debe ser cierto que escribir es un gran modo de descubrirse a sí mismo, porque durante las infinitas horas de escritura, de corrección y de reescritura, comprendí que deseaba abarcar mucho más que eso.

Redactar este libro me ha permitido reencontrarme con aquel muchachito que se animó a abandonar una vida plena de seguridades en tierra firme para emprender una vida de aventuras en mares y océanos. Me ha permitido redescubrir al joven que supo volverse hombre, que aprendió a crecer en los destinos más recónditos del globo. Y la escritura de este libro también me ha dado la posibilidad de comprender mis acciones, y a saber aceptar mis inevitables errores.

Publicar un libro se asemeja a lanzar una botella al mar. Durante la escritura me supe dueño de cada palabra, de cada signo de puntuación, y también de cada silencio. Pero una vez que el trabajo está concluido y llega a manos del lector, el autor se vuelve un espectador, y no le queda más que desprenderse de su libro y dejarlo en manos de las mareas y del viento; en fin, dejarlo a merced de su destino.

Pero si yo en algo pudiera influir de aquí en más sobre el modo en que estas páginas serán recibidas, le pediría a usted, querido lector, que piense en los diferentes modos de vivir que describí a través de los viajes que realicé. Me gustaría que estas páginas den testimonio de tantos países en los que los seres humanos están protegidos desde el nacimiento hasta la vejez, en los que la salud, la educación y la seguridad son un derecho. Pero también resaltar que hay otros países en los que la vida de un niño vale menos que una hoja seca echada al viento. Y que también hay sitios que aparentan ser auténticos paraísos, pero que detrás de su brillante fachada esconden a un gran número de personas que viven en la injusticia y la miseria.

Cada uno de nosotros debe ser capaz de observar y distinguir cada gozo y cada llanto, debemos saber qué rescatar de cada lugar, de cada etnia, de cada modo de vivir y de sobrevivir. Uno debe enriquecerse de lo luminoso de cada destino, sin obviar ni olvidar jamás lo oscuro y lo vergonzoso.

A mí me ha tocado escribir y protagonizar este libro. Pero hay algo que necesito aclarar: cada uno de mis compañeros es también protagonista de cada una de estas páginas, porque sin ellos yo jamás hubiese podido ser nada.

Y también me agradaría que usted, querido lector, también se sepa protagonista. Porque yo, como escritor, me he sentido acompañado por usted durante la escritura de cada capítulo, de cada párrafo, de cada oración. Infinidad de veces me lo he imaginado a usted sentado mi lado cada vez que recordé, investigué, escribí, corregí y reescribí. Jamás percibí que el relato de mis anécdotas fuese un monólogo sino un diálogo.

Y fue ese diálogo fluido el que me permitió resignificar mis recuerdos para enriquecer cada historia.

Y ahora, mientras le doy forma a esta conclusión, comprendo algo que jamás sospeché cuando me decidí a escribir la primera página: entre tantas otras cosas, yo también deseaba homenajear a un mundo que ya no existe, y que intuyo con nostalgia que ya no volverá. Un mundo más libre, menos rígido, sin pandemias ni peligros. No quiero decir que todo tiempo pasado haya sido mejor. No, por supuesto que no es así. Todas las épocas han padecido momentos de injusticias y dolor. Pero no puedo dejar de sentir que con el correr de los años las sociedades se han vuelto cada vez más rígidas, que los hombres nos hemos vuelto más desconfiados, que las fronteras se han endurecido. ¿O acaso sería imaginable que hoy en día un adolescente pueda lanzarse a una vida de aventuras en altamar, así como yo lo hice? ¿O acaso aquellas dos jovencitas que viajaron de polizones en el Pacific Princess hoy podrían cruzar la frontera entre Estados Unidos y México con tanta facilidad? Buena parte de las historias que relaté en este libro hoy no serían siquiera imaginables. La actual Acapulco nada tiene que ver con aquella que les he descrito en estas páginas, aquella magia que me cautivó se ha quebrado en pedazos, aquella ciudad de noches eternas hoy ha caído en manos del narcotráfico y temo que ya jamás logre recuperar su antiguo esplendor. Aunque debo reconocer que en otras regiones el mundo ha cambiado para mejor: las rigurosas China y Unión Soviética que yo conocí ya tampoco existen. Cada una a su modo han aprendido a abrirse al mundo, a flexibilizarse, a reconvertirse.

Me siento enormemente agradecido de mi vida en altamar, pues tantos viajes me han vuelto un hombre millonario en experiencias. Lo que está dentro de los museos es parte de la cultura invaluable del mundo, pero fuera de ellos también hay mucho por descubrir. Aprender a comer, a beber, a tratar a quien proviene de una cultura diferente, a respetar a los animales y a nuestro planeta tierra también es parte de la educación de un hombre. Y a mí esa educación me la brindaron los barcos.

He titulado a esta despedida como "Último puerto". Intuyo que no es el título adecuado.

No... de seguro no lo es.

Mientras escribo estas líneas finales algo en lo más hondo de mi alma me indica que mis viajes aún no han concluido, todavía me queda un nuevo barco al que subir, otro océano por navegar, más ciudades en las que atracar.

Porque tras tantos viajes hay algo que he aprendido: El mar es eterno, el mar jamás se acaba. Y sé muy bien que mientras sople el viento habrá una nueva aventura esperándome en el horizonte.

ACERCA DEL
AUTOR

FULVIO DE COL

(Venecia, Italia 1953).

En *El vagabundo de los siete mares,* historias de un tripulante, Fulvio de Col nos cuenta la historia de un joven italiano que un día se marchó de su casa para anclarse por diecisiete años en el corazón del mar. De Col se abre en estas memorias para contar lo que un pasajero no se imagina que sucede en la vida de un tripulante mientras los cruceros se llevan a cabo. Con un lenguaje sencillo y divertido, De Col nos invita a acompañarlo a bordo.

El vagabundo de los siete mares, historias de un tripulante es el primer libro de Fulvio de Col quien después de dejar el mundo del mar se dedicó a tener sus propios restaurantes. Actualmente trabaja con un amigo en una pizzería en el área de Chicago, ciudad en la que reside.

www.ingramcontent.com/pod-product-compliance
Lightning Source LLC
Chambersburg PA
CBHW020906100426
42737CB00044B/386